一生怀抱几人同

民国学人生平考索

方韶毅 著

北岳文艺出版社
BEIYUE LITERATURE & ART PUBLISHING HOUSE
山西出版传媒集团
·太原·

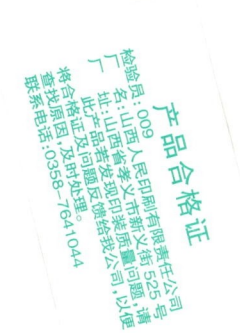

图书在版编目（CIP）数据

一生怀抱几人同：民国学人生平考索／方韶毅著．— 太原：北岳文艺出版社，2022.8
（香雪文丛／向继东主编）
ISBN 978-7-5378-6552-4

Ⅰ．①一… Ⅱ．①方… Ⅲ．①文人－人物研究－中国－民国 Ⅳ．①K825.4

中国版本图书馆CIP数据核字（2022）第126094号

一生怀抱几人同：民国学人生平考索

方韶毅　著

//

出品人 郭文礼	出版发行：山西出版传媒集团·北岳文艺出版社 地址：山西省太原市并州南路57号　邮编：030012
选题策划 谢放	电话：0351-5628696（发行部）　0351-5628688（总编室） 传真：0351-5628680 经销商：新华书店
责任编辑 谢放	印刷装订：山西人民印刷有限责任公司
书籍设计 陈天佑	开本：787mm×1092mm　1/32 字数：161千字　印张：7.5 版次：2022年8月第1版
篆刻 李渊涛	印次：2022年8月山西第1次印刷 书号：ISBN 978-7-5378-6552-4
印装监制 郭勇	定价：66.00元 本书版权为本社独家所有，未经本社同意不得转载、摘编或复制

总序

香雪是广州地铁6号线的一个终点站名。近几年，常往返于6号线上，每每听到这个报站，总觉得有味。有时顺手拿一张地铁线路示意图看，一个个站名过一遍，唯觉得香雪这名儿富有内涵，让人遐想。

记得还是二十世纪八十年代，曾参加一次文学讲座。一位诗人教导我们如何作诗，他顺口溜出几句写雪的诗："江山一笼统，井上黑窟窿。黄狗身上白，白狗身上肿。我就去打酒，一脚一个洞……"显然，前四句是唐人张打油的《雪诗》，后面也许是他随意发挥的。他说这首诗，好就好在全诗没有一个"雪"字。作为一个客住之人，我对粤文化所知有限，不知当地是否有咏雪的诗篇遗存；即便有，也不会很多吧。

广州是个无雪之城。每年冬天，要看雪，只有北上远行。市郊有广州海拔最高的白云山，冬天，偶尔也会飘几粒雪花，但落地即化。香雪之名缘何而来？后来才知道是萝岗有一香雪公园。旧时，广州也有"羊城八景"之说，香雪自然名列其中。羊城人喜欢雪，就因为无雪吧。

由广州人好雪，我联想到一个有趣的问题：凡生活中没有的东西，人们总是越想得到。譬如一个美好的愿望，其实就是一种精神诱导，或叫一种心理安慰剂，尽管如镜花水月，而有，总比无好，画饼还是要的。未来是美好的，现在吃苦受累，就是为了将来。天堂并不是虚妄的。我是个过了耳顺之年的人，河东河西，一生也算见过不少，如要追溯这传统，恐怕比我辈年长，只是觉得于斯为盛罢了。

香雪之所以拿来做了丛书名，也是一时想不到更合适的。这套丛书分A版、B版两个系列，各有不同。至于能做到多大的规模，还真不好说。唯愿读者开卷有益，也愿香雪能带给人们不一样的遐想。

是为序。

向继东
二〇二二年三月于广州

目 录

伍叔傥的鲁迅印象　　/1

伍叔傥与胡适　　/12

吴鹭山的命运　　/23

刘廷蔚：昆虫学家、诗人　　/31

刘廷藩：破碎了的诗人梦　　/50

黄尚英之死　　/60

华五是谁　　/73

"吉金乐石"谢磊明　　/87

林损胡适交恶考　　/108

　　附：我的父亲林损　　/125

想起次恺　　/135

寻找史美钧　　/153

"失踪"的孔德　　/175

"文学青年"汤增敡　　/194

关注《何典》之外的钱天起　　/208

王服周事迹　　/221

后记　　/229

伍叔傥的鲁迅印象

伍叔傥在鲁迅交往录中是一位无足轻重的人物。

鲁迅提到伍叔傥,只日记中有一处。一九二七年一月二十四日:"昙。午后甘乃光来。中大学生会代表李秀然来。徐文雅、潘考鉴来。骝先来。伍叔傥来。下午寄钟宪民信。广平来并赠土鲮鱼四尾,同至妙奇香夜饭,并同伏园。观电影,曰《诗人挖目记》,浅妄极矣。"

鲁迅一九二七年一月十八日抵广州,次日移入中山大学大钟楼居住。一月二十四日,是鲁迅到广州的第七天,伍叔傥前往大钟楼探访。次日,中山大学学生会举行欢迎会,鲁迅"演说约二十分钟"。三月二十九日,鲁迅迁居白云路。九月二十七日,鲁迅赴沪。

鲁迅在广州虽只生活了八个月又十天,但同在中山大学任教,他与伍叔傥的交集,肯定不限于此,至少还有两次同会的记录。二月十二日,中山大学文史科第一次教授会议。《会议纪

---

* 本文写于二〇二〇年八月二十一日,即发表于《新文学史料》第六期。

事录》载："到会者：周树人、徐信符、伍叔傥、冯天如、陈功甫、龚夫人、何思敬、傅斯年。本日将应定之科目，及每人认定之科目，草拟妥当，并实行每人十二小时之规定。未议他事。"四月十三日下午二时半，预科第三次国文教务会议。《会议纪事录》载："主席：陈宗南。纪录：钟敦耀。出席者：周树人、傅斯年、陈宗南、石光瑛、黄佐、黄炳照、伍叔傥、胡伯孝、关卓云、杨伟业、许寿裳。"议决本学期国文时间之分配等四事。（原载《国立中山大学校报》第十一期、第十六期）

一九八一年版《鲁迅全集》注释伍叔傥："名俶，字叔傥，浙江瑞安人，北京大学国文系毕业，一九二七年任中山大学预科教授，中山大学国民党特别党部区分部委员，朱家骅内

青年伍叔傥（刊于一九二三年《约翰年刊》）

广州时期的鲁迅

亲。"二〇〇五年新版《鲁迅全集》注释略做修改,改"俶"为"倜",改"内亲"为"连襟",并增生卒年,一八九七至一九六六年。

《鲁迅全集》新旧版注释之增改,并没有补充多少信息量,可见对伍叔傥的陌生程度。伍叔傥名倜,又名俶,新旧版注释皆无误。早年在北京大学就读时,还用过"一比"这个名。据《伍氏宗谱》载,其字鹤笛,号叔傥,以号行。中山大学之前,曾任教于浙江省立第十中学、上海圣约翰大学、光华大学等。伍叔傥早于鲁迅任教于中山大学。一九二五年,伍叔傥经姜琦推荐到广东大学任教,兼任中央政治会议秘书。一九二六年,广东大学改称国立中山大学后,本拟从军北伐,听闻傅斯年要来中大,决

中山大学的钟楼,鲁迅曾居于此

计留在广州。伍叔傥与傅斯年是北大同学。"很多朋友劝我从军，我总觉得同孟真同事是光荣的，不肯去。"（伍叔傥《忆孟真》，收录于《谔谔之士：名人笔下的傅斯年　傅斯年笔下的名人》，王富仁、石兴泽编，东方出版中心一九九九年七月第一版）

伍叔傥元配李氏未过门即卒，继室张氏一九二六年十月去世。与朱家骅连襟，是在张氏之后，与程佩文结婚。程氏乃朱家骅夫人程亦容之妹。伍叔傥初见鲁迅时，当未与程氏结婚。时顾颉刚与伍叔傥来往甚密，其日记一九二八年十一月十一日第一次出现"叔傥夫妇"字样，而七月八日则有"到商务书馆购叔傥礼物"，七月十日"到叔傥处，送贺礼"，可能是送结婚礼物。后来，朱家骅与程亦容离婚，伍叔傥与程佩文也离了婚，朱家骅、伍叔傥彼此是曾经的连襟。

一九三二年暑假后，伍叔傥到中央大学任教授。朱家骅接掌教育部部长后，伍叔傥兼任教育部参事。一九三六年十二月，朱家骅出任浙江省主席。伍叔傥于次年八月任省政府秘书长，不到三个月辞职。一九三八年，伍叔傥担任武汉《国民谠论》旬刊总编辑。一九三九年，伍叔傥任教于重庆大学。同年，出任中央大学师范学院国文系主任。一九四九年，伍叔傥渡海，任台湾大学教授。一九五二年八月，应东京大学、御茶水女子大学之邀，赴日讲学。一九五七年，受聘于香港崇基学院，直至一九六六年逝世。

伍叔傥一生从事教育，多次参与起草与修订教育部中小学国文课程标准，参与编辑《第一次中国教育年鉴》《大学国文选》。伍叔傥以创作五言古诗见长，教的是中国诗学史、历代文选、《文心雕龙》之类课程，但却"完全没有那个时代一些教古典文学的中文系教授那种严肃古板、道貌岸然的神气"。他与新文学作家交往，并请他们到校任教、讲座。他懂英文，经常手里拿的是正在读的英文小说。（钱谷融《我的老师伍叔傥先生》，载《散淡人生》，上海教育出版社二〇〇一年三月版）作家徐訏说："谈谈文学，我们的修养并不相同，我们的见解也并不一致，但是总是有许多话可以谈。专攻旧文学的人与我谈谈文艺思想与文学趣味而令我敬佩的人并不多，伍叔傥先生则是很少的人中的一个。"（徐訏《悼念诗人伍叔傥先生》，载《徐訏文集》第十一卷，生活·读书·新知三联书店二〇一二年八月版）

伍叔傥在中央大学时的学生钱谷融回忆，伍叔傥"特别推崇鲁迅，认为他的成就远在其他作家之上"。

一九三九年三月，伍叔傥撰写《选择高中国文教材标准的理论》（连载于《教育通讯》周刊第二卷第二十二期、第二十三期，民国廿八年六月版，均署名索太），就对鲁迅散文给予高度评价："白话文的时期很短，作品好的很少是真的。但是周鲁迅的散文，我认为在欧阳修、归有光散文之上，真是魏晋人语，可以全读。"

后来，在日本讲学，伍叔傥多次提到鲁迅的成就。分析《文心雕龙》时，伍叔傥说："写文章必须留有一定余地。章太炎的骈文精美巧妙但却无任何余地。在王湘绮而言，文章既要无疏漏又有一定余地。近代的白话文作家中，能将文章的疏密硬软搭配合理的只有鲁迅一人。"又说鲁迅文章的意境丰富："鲁迅除古文学的知识外，还深受医学、科学知识与日本以及北欧文学思想的影响。因此具有前所未有的丰富意境。当代中国文人中有人即使学习了英美知识，但没有古文学的造诣，因此意境偏颇是无法产生好作品的，巴金和茅盾在这一点都不及格。但曹禺却值得关注。"并评价了《阿Q正传》："然而鲁迅的作品中思想内容又是否充实呢，这一点还有待探讨。《阿Q正传》只是单纯地描绘了中国人心性固有的一种'苏州人打架'的心理。"讲苏东坡诗文时，又说："欣赏美景酣饮美酒引发情趣，这是诗人一般的习惯。但是东坡却从其中感到空虚的悲哀而有感而吟。这是道家的作风，确实与普通诗人不同，但现在看来还是有些美中不足。要推动文学的发展，就必须给予绝对的自由。东坡的生活里也有很多拘束。总之，文学者总是被拘束所束缚和影响。像鲁迅一样不畏生命的危险走自由之路的文学家值得崇敬。"（《伍叔傥教授讲义概要》，滕堂明保、片冈政雄、近藤光男合编，一九五四年二月油印本，张以译，载《伍叔傥集》，方韶毅、沈迦编，黄山书社二〇一一年七月版）

日本《文学界》杂志一九五四年二月号刊发了伍叔傥与鱼返善雄对谈中国文学的报道（《谈谈中国文学》，周语译，载《瓯风》第十三集，文汇出版社二〇一七年六月版），其中专门论及鲁迅。鱼返善雄问："在日本，鲁迅是作为非常阴暗的作家介绍来的，但是与此同时，他的文章非常富有幽默感，这一点很有意思。"伍叔傥答："说鲁迅是阴暗的，是因为他是先把阴暗面剖析出来，之后让人向着光明的道路前行，这样考虑着写作的吧。我对鲁迅是非常敬服的。"上世纪五十年代初，东京大学一些学生因伍叔傥是从台湾来的学者，而"国民政府不承认中国大陆"，就起来反对伍叔傥来上课。相对大陆来的冰心，学生们就很欢迎。另一方面，极右势力又反对鲁迅，伍叔傥因在东京中华学校讲《阿Q正传》，受到举报。

对谈中，伍叔傥回忆了鲁迅在广州的生活："鲁迅先生在中山大学受到优待，比我们这些老资格的教授的月薪还要高。他身边带着一位年轻女秘书，我不知道那是不是就是后来的夫人许广平女士。他从最开始月薪就有五百元，而我们最高就是三百六十元。鲁迅和文学部部长是同样的薪水。那个时候，雇一个女秘书要花费八十元。鲁迅先生在睡觉的时候有洗脚的习惯，那个女秘书每晚要给他洗脚。因此，大家都觉得非常不可思议。"当时，许广平也在广州。这个所谓的秘书应是许广平了。但洗脚的传闻，恐怕其他人未提过。

伍叔傥对鲁迅的古文功底赞赏不已："我那个时候因为是教古文专业的，脑子里觉得白话文是玩笑，鲁迅什么的也不当回事。不过，有一次教员会议的时候，大家一起编学生用的古文教科书，各位教授分工合作，鲁迅的名字没有列入其中。那个时候，鲁迅说了一句非常奇怪的话：'相比于白话文，还是把文言文体的文章多选入教科书比较好。'白话文的选手说'多选入文言比较好'，我觉得很奇怪。那个时候我正忝任出版部的主任，看了鲁迅这样的态度，我心想：'这家伙，看样子文言也能写得不错呐。'鲁迅的讲义要复印什么的，都是在出版部印刷。在那里出版的，就有有名的《中国小说史略》。看了这本书，我心中感慨：'什么嘛，这个人不是如此擅长古文吗？'"伍叔傥所说的教员会议，应是上述四月十三日预科第三次国文教务会议。其议案除本学期国文时间之分配外，还有"本学期学术文，以北京大学出版之学术思想文，及模范文学标准；该二书之目录，由预科办事处印发各教员，俾资选择讲授"，"本学期近代文，推荐许寿裳先生及杨伟业先生先行选定，然后采用；前选各篇，须列明著作人，及出版处，交由预科办事处，印发各教员"等三项，鲁迅所发议论符合议案所提内容，而鲁迅日记四月十三日未记。伍叔傥曾接郁达夫的班，任中山大学出版部主任。《中国小说史略》各版本均在北京出版，未见有中山大学印本。鲁迅在中山大学所印或为他讲课用的《古代汉文学史纲要》，收入《鲁迅全集》时改为《汉文学史纲要》。

伍叔傥还进一步谈到鲁迅在北大的情况："说到《中国小说史略》出版的前后经纬，民国六、七、八、九、十年的时候，北京大学正是全盛时代，那本《小说史略》成书的时候，北京大学已经过了全盛期，差不多进入衰落的时代了。白话文文学运动也渐渐失去动人心弦的力量，民国十一、十二年，也就是到了鲁迅最卖座的时代后，即使在大学里，对于'老师行不行'，学生们也开始变得以是否擅长古文来判断。鲁迅在北京大学的地位并没有那么高，好像终究也没能当上教授，仅仅是讲师。当时北京大学的老师，教授之外还有讲师，讲师有两种，一种是真的有学问但是因为不是本职所以做讲师的，另一种是刚刚开始因为没有学力所以做讲师的人。鲁迅当然是前者，虽然有学力，但是不是本职。"

在谈到中国古代典籍时，伍叔傥说："即使像鲁迅那样的人，对古代的所谓经书，也就是代表性古代典籍那样的经书，也不大读的。他主要读唐代以后以文言写作的小说，历史相关的代表作什么的也好像几乎不大读。"

伍叔傥与老舍、曹禺、陈白尘、臧克家、吴组湘、俞平伯、叶绍钧等新文学作家皆有往来，与钟敬文、钱锺书等也有交情，但他却说，"现在中国新的文艺作家，文章非常幼稚，不值得一看"。"现代中国文学除了鲁迅那样的，其他的都不用买来看。"伍叔傥借鲁迅与老舍的对比，不仅指出新文学作品拙劣的原因，更是指出鲁迅对中外文学都有很不一般的见解及中文、日文皆能阅读写作的深厚功底："现代文学中，鲁迅之外，我还读过《骆驼祥子》，不过老舍的文章，不知哪里有一点不够的感觉。老舍和鲁迅相比，还是鲁迅水平更高一点，作为文章来看是没法比的。为什么中国新文学作品的文章都比较拙劣呢？其中的理由，我认为是文学的心境没有提高。留学毕业的那些人写得生硬的文章有很多。中学还没毕业就来日本留学，回国的时候，因为除了中学的书以外都没读过，自己国家文学作品的真正优点还不知道呢。然后从外国回来马上就进行创作，写不出像样的东西。不过留日学生还算好的，像郭沫若等人来日本之后也读了水平较高的文学作品，回国后对自己国家的文章也有某种程度的鉴赏，对其精神也能有所领悟；最麻烦的是留学西洋的人。那些家伙去了外国哪怕过了三年五年，对外语的好处也不十分明白，而自己国家的好处就更不知道。所以就出现了那种只读了《诗经》开首第一篇，就觉得自己懂了中国诗的家伙。像鲁迅那样的人，中国的文章自不必说，日本的文章也不仅仅是读得懂，而且能写。"

谈到幽默文学，伍叔傥评论："如果要在中国找真正能写幽默文章的人，要属清末湖南学者王闿运吧。另外能用国语体写幽默文章的人，要属鲁迅吧。能到鲁迅的程度，才能毫无挂碍地说是真正的幽默。""林语堂虽然非常推重明代的小品文，但鲁迅见了说，林语堂对于明代的文章也不太了解吧。我认为差不多就是那样。"

难能可贵的是，伍叔傥回忆了自己拜访鲁迅的情形，这是对鲁迅日记非常有益的补充："鲁迅的古文之工巧不让黄侃先生。在那之前，我一直自觉比他长于古文，那时就有一点失去信心。于是我就主动去拜访他，坦率地说了这些。不过鲁迅非常寡言，基本上不太说话。那时即使说了长达两个小时的话，鲁迅也只是说了国民党内部肃清共党分子的话题，还有广东的各种各样的杂谈而已。真是非常寡言。在鲁迅那时候的日记中，好像出现了我的名字。"

一九五七年八月八日，伍叔傥在给钟应梅的信中，亦表达了鲁迅在新旧文体上游刃有余的观点："文章体制，用之各有所适，古人之所已知，故才高者兼备众体。近如鲁迅，尚识此理，故小说则用白话，而序传墓志，亦不废雅润之音。"（钟应梅《悼念伍叔傥先生》，载香港《崇基校刊》第四十一期，一九六六年十二月版）

伍叔傥是旧文学里的人，却对新文学里的鲁迅极力推崇，这是值得注意的。这或许能让我们重新认识那个时代新旧文学阵营的状态。伍叔傥的鲁迅印象，也可丰富鲁迅研究。

伍叔傥与胡适

伍叔傥，名俶，又名俱，浙江温州瑞安人，是胡适的学生辈。

胡适留学归国任北京大学教授时，伍叔傥才入校不久，是文科中国文学系一年级新生。那时候，蔡元培主张·"思想自由，兼容并包"，校园风气顿时一新。胡适扯起"文学改良"大旗，从者甚众，连一心向旧学的傅斯年也跑到他这边来了。然而，伍叔傥却不为所动，只"五体投地"地佩服刘师培。

一九一九年一月，傅斯年、罗家伦等学生创办《新潮》杂志支持新文化运动，另几位学生薛祥绥、张煊等则以刘师培、黄侃、陈汉章为台柱办起《国故》反对他们。伍叔傥站在了刘师培这边，名列《国故》编辑。虽然，伍叔傥后来说："我加入国故社与其说是'守故'，不如说是'依刘'。"但从此以后，伍叔傥或多或少被烙上了"国故"的印记。以至于过了三十多年后，胡适在日本碰到伍叔傥，还对他说："叔傥，你是晚年变节。"

---

* 本文写于二〇一一年十月二十九日，发表于《现代中文学刊》二〇一二年第一期。

伍叔傥正要回答，胡适马上取消了他这句，说："不是！不是！是忠实同志。"伍叔傥接着说："我依旧喜欢文言的。"

伍叔傥一贯喜欢文言，尤其迷恋汉魏六朝文学。

十四五岁，从乡儒周筱龄读《文选》，文思得以启发。就读浙江第十中学堂时，教师高谊先后授之《逊学斋集》《归有光集》《曾文正集》等，但只爱读《曾国藩家书》，后深喜六朝骈文和谢宣城诗即是受曾的影响。北大期间，新文学浪潮翻滚，却能"杜门玩古，物疏道亲，日诵六朝诗文，旁涉乾嘉诸老之集"。

北大毕业后，伍叔傥一直从事中文教学工作，先后任教于浙江省立第十中学、上海圣约翰大学、光华大学、中山大学、重庆大学、中央大学、台湾大学、台湾师范大学、香港中文大学以及

伍叔傥在日本（吴万景提供）

青年胡适

日本东京大学、东京御茶水女子大学等校。其中在中央大学师范学院担任国文系主任长达十年，影响颇广。只是在一九三七年，应朱家骅之请，曾短暂担任过浙江省政府秘书长一职。伍叔傥主要教授汉魏六朝文学课程。在中央大学所授是《文选》《文心雕龙》，为东京大学、御茶水女子大学所请是专讲八代文学，在崇基学院、新亚书院所讲还是《文选》《文心雕龙》。

早年撰写的《谢朓年谱》《沈约年谱》《两汉社会风俗诗征》《八代诗中形容词副词的研究》等论文均有关汉魏六朝文学，晚年发表的《谈五言诗》亦不离汉魏六朝文学范畴。他甚至说："中国美文，只读《后汉书》《三国志》《水经注》《伽蓝记》《颜氏家训》足够一生欣赏。"

而且，作为诗人，他运用的创作载体主要是五言诗，这也是因为他对汉魏六朝文学的热爱。伍叔傥的五言诗作品，具有相当高的成就，至今还有人提到。前不久，香港《明报月刊》发表

伍叔傥在重庆中央大学授课（吴万景提供）

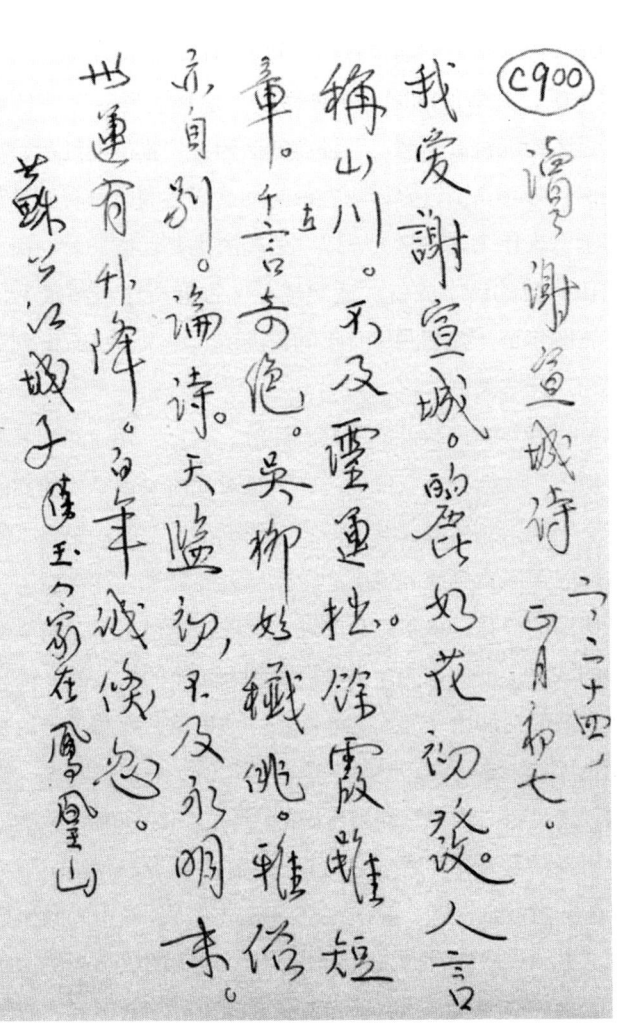

讀謝宣城詩 六二十四 四月初七

我愛謝宣城，鲜如花初發人言稱山川。不及靈運撓，馀霞雖雄短章。千言奇絕。吳柳好纖姚。雅俗亦自別。論詩天監初，不及永明末。世運有升降。百年誠倏忽。蘇公江城子，傳玉句家在鳳凰山

伍叔傥诗稿（黄君实提供）

汪威廉的回忆文章，即以《五字今无敌》为题。香港中文大学教授钟应梅以为伍诗"当代独步"并不为过。王韶生评曰："初从小谢入手，并取法渊明、东坡两家，堪称明秀。"邓仕梁说："诗近陶谢而饶有新意。"孙克宽认为："雅似湘绮翁，清劲则似三谢；颇善言情，弥尽物态，与湘翁之矞丽典重者异。"汪中撰写《六十年来之诗学》，以"后起应推暮远楼"为一篇之题，专论伍叔傥的诗学成就。适然楼主《香港诗坛点将录》，排列一九五四年至一九七四年廿年间香港诗人座次，伍叔傥列第一，尊称为"托塔天王"。

胡适晚年对伍叔傥的诗亦有评价。一日，胡适的秘书胡颂平在香港一刊物读到伍叔傥的诗，于是对胡适说："战前我住在吴淞，有时晚上到吴淞江畔去散步。吴淞江是上海轮船出入的大港口，随时可以看到或大或小的轮船从远处驶来，江水被船头劈成两条滚滚的浪花，跟着船身前进。大的轮船过去了，船尾螺旋桨打起的波浪是很厉害的。小舢板遇到大轮船的大波浪，都用船头顶住大波浪在那里一浮一沉地挣扎。这景象，我写不出诗来。叔傥先生那首五古《海边晚眺》里有两句诗：后浪散圆纹，船头飘飞絮。这是我心中想写而写不出的诗句，所以我特别欣赏。"又说，"我常在月夜仰看空中的浮云，往往另有一种悠闲漂渺的美感。他那首七绝诗题，我现在已记不起来了，其中的两句是：浮云不下帘织雨，伴月横天作画图。"胡颂平感叹伍叔傥"体物状情"的功夫很深，能写出鲜明逼人的印象。胡适说："叔傥的诗是用力气做成的。"还问："他的诗集印出来没有？你请他寄一本给我。"

然而，有人因为伍叔傥的研究领域和创作风格而把他看作是守旧的夫子，那实在是个误会。他的学生钱谷融回忆：伍叔傥很开明，主持中央大学师范学院国文系时，颇能继承蔡元培兼收并蓄的精神。中央大学国文系一向比较守旧，只讲古典文学，不讲新文学。新文学和新文学作家是很难入这所学府讲堂的。可伍叔傥不管这一套。聘罗根泽、孙世扬、乔大壮、朱东润、杨晦、吴组缃等来任教，邀曹禺、朱自清、老舍等开讲座。钱谷融与伍叔傥素有来往。有时，去他房间里，见他手里拿着正在读的往往是英文小说。还知道他常通过日本的丸善书店从国外书店买书。平时与他闲谈，常常是古今中外，出入文史哲各个领域。

可见，伍叔傥并不排斥新文学和白话文。只不过，他反对以文言语体来分文学的新旧，曾致函钟应梅谈及："文章体制，用之各有所适，古人之所已知，故才高者兼备众体。近如鲁迅，尚识此理，故小说则用白话，而序传墓志，亦不废雅润之音。"又在论文中阐述："文章体制，愈后愈变，愈变愈多。愈多则用之愈得其适。要是有了那一体打倒那一体，消灭那一体，那么文学界永远只有一种体裁来使用，其余多是垃圾了。提倡的人固然非积极不调和不可，但是客观的人便要有清静的头脑去观察。中国文体有四言、五言、赋、词、曲、白话、小说，等等。每一体都有一体的特殊用场。所以每一体都有每一体不可互相翻译的名著，而且最古的文体只要有更大的文学家，一定仍旧可以产生很好很新的作品，至于世人所说的，这种体裁已经是陈腐了，不会产生好文学了,这一套恫吓的语气,一定有一天会证明其不确。"

类似的观点,从伍叔傥评论胡适诗文的文章中也可得到发现。

比如《谈五言诗》一文,讲到"文言与白话不应该截然区分开来"时,举例说:"胡适引入在《白话文学史》中的汉魏六朝的白话文学,如果是我的话则会作为文言文学对待。"

再比如他在崇基学院讲课说:"有人学诗几可乱真,可是以文学理论来说这是不好的,因为成了假古董,如胡适乃是。若作诗要成家,除了集古今大成之外是要自成一家,必定要有独特之处。"之所以这么说,是因为伍叔傥对于诗的要求是苛刻的。他认为《尝试集》之类的白话诗并不成功,其"格调上较好之处已经为元曲中使用到","无论里面有多少出色之处,也不能说是其独创的吧"。"我对于古今文学各体,除了胡适的尝试体,认为没有成功,表示遗憾外;至于近年新兴的小说、短篇小说、散文等,都要尽量地接受,同时想下功夫去学习。觉得我们的文苑里添了新东西是嘉事。"

但这不妨碍伍叔傥对胡适创造性的认可。他在《杂言诗概论》一文指出:"近代乃有胡适,创为白话诗,多士向风,浸以成体。其诗以引用俗诗,不齐句读,为其特质。虽作品尚少,人才未多。论其卓识,实非拘墟腐儒之所能逮。我知今后诗学,必为杂言最盛之期,又将由整齐而趋于参差矣。盖诗体屡变,而杂言常为之枢纽。殆以其伸缩由人,变化可以无尽,而颇利于创造之故乎。"又在《选择高中国文教材标准的理论》一文中高度评价:"我时常这样想:中国文学史上,有两个人是值得注意的。(一)是沈约,(二)是胡适。韩愈、姚鼐,非通人也。沈约的前有浮声后须切响的理论,真巧妙。后来的近体诗词曲弹词,都由这个理论上成功的。他的理论,起初看起来是一条狭路,料不到会柳暗花明,别有天地。沈约的学说,可以说是曲径通幽,胡适简直是开马路。沈约的《宋书·谢灵运传论》同胡适的《历史的文学观念论》,同有其不朽的价值。""要想于中国各种诗体之外,创造新体,非先从灌输外国音乐,来改造新兴的乐章入手不可的。所以《尝试集》对于中国诗学的贡献,一定不会像桃花江毛毛雨大。怎管部令禁止,社会上仍旧是流行着。"

难怪徐訏这么评价:"专攻旧文学的人与我谈谈文艺思想与文学趣味而令我敬佩的人并不多,伍叔傥先生则是很少的人中的一个。"

伍叔傥的人生没有像他的同学傅斯年那样和胡适有过多的交集,这和他的性情是有点关系的。正如香港一位叫容逷的作家说,凭伍叔傥的出身、学历,是完全可以成为一位当代的"名学者","但是,他的彻底的诗人根性、他的诗人的不凡超俗的慧眼,使他能够透视这一层层虚伪的烟幕,而独脱群流;他的一生所表现的,彻头彻尾是个诗人的真性"。

据胡颂平回忆,中央大学有四位"不通"的教授,伍叔傥是"金融不通"。他有整整一个星期,光用西瓜、花生米度日。这在抗战期间并不奇怪。但他晚年在崇基学院有较高的薪水,依旧过着十分窘迫的日子，就只能说他始终是"金融不通"了。

钱谷融说，在重庆的时候，他一日三餐都上馆子吃。有时嫌一个人吃太无趣，就邀请谈得来的学生一起吃。"倒不是嫌食堂的菜不好，而是他散漫惯了，吃包饭得遵守一定的时间，还要与许多他不一定喜欢的人坐在一起，他受不了这些拘束，所以宁愿多花些钱上馆子里吃。这样，他可以爱什么时候吃饭就什么时候吃饭，爱上哪家馆子就上哪家馆子，爱吃什么菜就点什么菜，一切都可以随心所欲，自由自在，无拘无束。"钱谷融还记得，在一次公开的会议上，伍叔傥主张把《晋书》列为教育部向大学生推荐的书目，遭到汪辟疆耻笑："听说此书为一温州人所提，足见其陋。"但伍叔傥却毫不在意，把此事当作笑谈亲口对他转述。

伍叔傥的婚姻并不幸福。妻子余氏要离他而去，伍叔傥亲送出嫁；婚后，还关切地问余氏生活如何。

如此等等潇洒作为，在一般人看来是无法理解的，真真是人如其名。

抗战结束后，中央大学迁回南京，伍叔傥在玄武湖畔购置住宅，取斋名暮远楼，请胡适题写。"日暮途远"，多少含有无奈和凄凉的意味。

一九四九年，伍叔傥去了台湾，后流转东京、香港等地。在日本，他本来受聘于东京大学，但受到一些学生的排斥，生活过得清贫，便又收了些私人弟子，在外教授中国文学。一九五三年初，胡适访日，在东京大学文学院招待会上碰到伍叔傥，约他第二天单独见面。胡适关切地问伍叔傥,是否有意换到其他大学去教书。伍叔傥表示在外国学校教中文没有很大的兴趣。胡适说:"你要怕日本人改汉字,一个人登在这里没有什么用。改也好,不要反对他。"从这次谈了之后,伍叔傥非常佩服胡适的聪明才智:"考据小心,而神明映澈,毫无呆气,确是人才。语言之妙,真如有人夸吴清源下棋,一着顾到几十着。"对胡适的观感也因此与二十年前大不同了。

伍叔傥与胡适最后一次见面是在一九五八年,东京大使馆。那次他们谈了对近代新文艺作家的看法,意见很相近。伍叔傥感叹:"世故深了,距离自然也不至太远。"并承认胡适很多通方之论,丝毫没有冬烘气。

一九六二年二月二十日,胡适在台北去世。伍叔傥即写了《敬悼胡适之先生》,发表在三月出版的《祖国》周刊第三十七卷第十一期上。

> 先生负天下盛名,四十余年。死之日,几于无疾而终,以温良恭俭让的先生,死得没有什么苦痛,至少,在我感到安慰,同时有点羡慕。

> 所谓盖棺论定,我并不在作论。只知道胡先生是好人,是有学问的人,是一位可敬而且可爱的人。二十年前,对于文学上的歧见,最近几年来,倒渐渐接近了,虽然尚有许多不敢苟同的地方。大体上,先生无疑是先觉。

天下可死之人多着呢，为什么轮到你头上来？要是小心一点，出门随从医生，开会不要离开家，也许不至于就死。先生是国家眉目，摆在那里看看，也是要的。台北的亲友们，要负相当责任的！

先生"言满天下"，而学有专精，其高深修广，也不必妄加窥测。"文术多门，各适所好"，其雅俗佳恶，更不应妄有论列。总而言之，我始终认为先生是人伦师表，不徒在于学术文章之间。大海风涛，把舵人已经没有了，真可怕极了。

虽然，伍叔傥和胡适谈不上志同道合，但对于胡适这么一位"通人"，伍叔傥无疑是由衷地敬仰和敬佩的。文章最后，伍叔傥引用《后汉书》传论中论孔融和陈寔的两段文字，六十三字，"敬吊先生"："郑昌有言：'山有猛兽，藜藿为之不采'。""维陈先生进退之节，必可度也。据于德故物不犯，安于仁故不离群。行成乎身而道训天下……所以声教废于上，而风俗清乎下也。"并俏皮地说："先生有知，不知嫌是骈文否耳。"这恐怕是伍叔傥对胡适"晚年变节""同志"之叹的一种小小回应吧。

吴鹭山的命运

我常想，以普通人的衡量标准来看，地域对一个人获得成就的影响到底有多大？记得那年我辞职北上，单位领导气呼呼地说，鲁迅不离开绍兴，就成不了鲁迅，所以支持你。虽含讽意，想想却不无道理。就拿吴鹭山来说，凭他的学识，如果也能像夏承焘那样，在京沪杭等大城市教学做研究，得以一展风采，会是怎样的人生呢？

吴鹭山生于一九一一年，夏承焘生于一九〇〇年，两人年纪相差十一岁。他们相识于一九三二年，恰是风华正茂。梅冷生素推崇吴鹭山，夏承焘自杭返里，特为介绍："二君可契金兰。"吴鹭山自然也早闻夏承焘之名了，四十年后回忆他们初次见面："握手之顷，觉温雅照人，诚所谓珠玉在瓦石间也。遂尔定交。"那一天是一月廿七日，夏承焘在日记中写道："遇乐清吴天五君，才廿二三岁。冷生甚称许之。午后过其家，看收藏名画甚精，啖雁山蕃茹枣甚美。"寥寥数言，已然有默契在了。后

---

* 本文写于二〇一二年五月二十一日，收录于《东瓯笔谭：温州文史同人精选集》，中国文联出版社二〇一五年五月版。

来还曾自比与吴鹭山的交情为李白杜甫:"君不为杜陵可听便,吾则决为青莲学士矣。"李杜年龄亦相差十一岁。

胡兰成化名张嘉仪潜沉在温州的时候,夏吴二人因刘景晨之介认识了胡兰成。在《今生今世》中,胡回忆在刘景晨家看到弘一的字,想起马一浮的书法,就拿弘一与马一浮的交契,来比吴鹭山与夏承焘;离温后在杭州见到夏承焘,谈起吴鹭山,又说他们的交情可比元稹与白居易。

不管是李杜、元白,还是弘一与马一浮,以这几对大名鼎鼎的人物来比喻,可见吴鹭山与夏承焘交谊之深、性情之近,但更多的是学术上的投契。

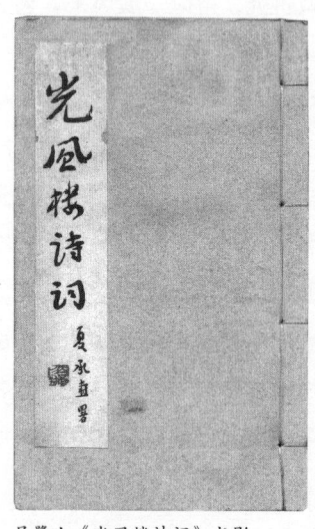

吴鹭山《光风楼诗词》书影

吴鹭山(右)与夏承焘

夏承焘的学术成就自不必多说了，浙江古籍出版社、浙江教育出版社出版的《夏承焘集》厚厚八册，论著四卷、诗词一卷、日记三卷，尚不算与人合作的书稿。

吴鹭山的才华并不逊色于夏承焘，就目前所见论著、诗词、随笔结集有《周易学》《读庄十札》《尚书今文辨疑》《杜诗论丛》《读陶丛札》《光风楼诗词》《光风楼诗词外编》《雁荡诗话》《停云录》《光风楼随笔》，编校或与人合作编校有《杜甫诗选》《王梅溪诗文及年谱》《苏轼诗选注》等，另有散佚手稿及刊发在《文献》等报刊的《苏诗七札》《〈诗经〉学述评》《关汉卿和他的杂剧〈窦娥冤〉》《论书散记》等，计四十余万字。

钱理群、袁本良合编《二十世纪诗词注评》，收录康有为、陈三立、严复、郑孝胥、鲁迅、周作人、朱自清、俞平伯等三百零二家六百余首旧诗词，吴鹭山亦在此列，可见他的诗词创作水平。所选三首为《过四十九盘岭》《太常引·悼浦江清教授》《过金华双溪有怀李易安居士》，注者评价颇高。钱志熙亦指出吴鹭山"通经贯史，而所专诣者，究在吟咏一事"。

吴鹭山对杜甫其人其作深有研究，曾与浦江清合作编注《杜甫诗选》，并撰有《杜诗论丛》，与郭沫若"扬李抑杜"之说针锋相对，不畏权威，有胆有识。

夏承焘出版的论著均在词学方面。而吴鹭山在学术上涉猎似乎比夏承焘更广，不仅研究了杜甫、陶渊明的创作，还钻研了易学、庄子、《尚书》等。当然，这里有个博与专的争议，暂且不论。起码说明了吴鹭山治学的系统性，走的是传统士大夫的路子。

吴鹭山出身书香门第，幼承庭训，其父吴莉宾，为清庠生，颇有雅风，著有《菊庐集》等。后又拜郑淡如为师专心向学。郑系清廪生，与刘之屏、洪邦泰合称为"乐西三才子"。二十来岁，吴鹭山已有声名。梅冷生赠诗曰："胸中烂熟杜陵诗，文采风流乍见之。南戒山川尽雁荡，始知晚出独灵奇。"

然而吴鹭山后来的人生路径却远非夏承焘那般顺畅，几度赴沪杭谋职未果。一次在一九三八年底，等了三四个月，好不容易在澄江中山大学谋得教职，却因日寇战火逼近而匆匆返温。再一次是一九五〇年前后为前途奔波，半年多光景无着落，家里都揭不开锅了，甚至到了听从乡人劝欲来往津沪经商的地步。他写

吴鹭山致蒋礼鸿书札（蒋遂藏）

信给夏承焘提及"不欲食嗟来之食",困顿焦灼之态可见一斑。当时,夏承焘为吴鹭山四处找关系,问张宗祥,问夏鼐,问郑振铎,为他求职。王季思也从广州来函,请吴鹭山南行谋职。在上海《文汇报》任职的吴无闻为哥哥的工作少不了出力。这么多亲友相助都无济于事,吴鹭山最后还是回到了老家。

二十世纪四十年代中后期,吴鹭山先后在浙江省立第十中学(现温州中学)、永嘉县立中学(现温州二中)教书。终于在一九五三年,由夏承焘、任铭善推荐到浙江师范学院中文系任教,后调至浙江教师进修学院。但吴鹭山在杭州教书,却是不受重视,甚至受到排挤,夏承焘一九五三年八月一日日记曾记:"领导与系中一部份同事不能了解天五之学,心叔大为愤恨。"一九五七年年底,吴鹭山在反右运动中"被议",不久即被遣返回乡。其后,一九六二年虽曾应聘赴长春,在东北文史研究所专授《诗经》课,那也不过是他最后的教书生涯了。

又要回到俗套的性格决定命运论上去了。李白潇洒,杜甫沉郁;元稹圆润,白居易执着;弘一得释家禅味,马一浮具道家风骨。因此他们的命运各不相同。吴鹭山、夏承焘亦然。在我看来,夏承焘为人谨慎,一日三省,处处自律,善交往,深谙处世之道,二十世纪五六十年代,各种改造知识分子运动风起云涌,也能有立场地配合。一九五一年冬,参加皖北五河土改工作,夏承焘作词赞颂。一九五八年九月十二日,夏承焘复信马锡鉴,表示献出谢邻(夏承焘在谢池巷的房子)窗门铁栏以抗旱。吴鹭山被遣返老家,夏承焘在日记中亦作避讳,一九五八年后的日记几无吴鹭山踪迹。

而吴鹭山却书生气的多,他的妹妹就说他"书本知识太多,优越感太强,来杭亦非长久之计"。吴鹭山骨子里是隐士做派。雁山下草屋一间,三五好友,品美酒、尝美食,吟诗作画、著书立说,是他向往的生活。吴鹭山在《自题草堂》云:"野水通双桨,春山拥一村。墙东聊避世,花下且寻源。磊砢诗犹费,沉冥酒最尊。泄云与还鸟,隐几得深论。"然而在社会大变革下,他感到无所适从。吴鹭山的几次赴外谋职,不是在战火纷飞之时,就是在政权变更之际,老天想眷顾他都难。这就是所谓人生的机遇了。

夏承焘走出去了,扬名天下,让温州人感到自豪。吴鹭山留下来了,对温州来说何尝不是幸运呢?总要人来共同支撑起这片小小的人文天空。虽然吴鹭山不是孙诒让、刘景晨那样领头羊式的人物,但在他那个年代,温州文化圈有他,总多了些色彩。尤其在吴鹭山平反后,与梅冷生、徐堇侯、王敬身、张鹏翼等人诗词唱和,在地方文化圈里扮演了承上启下的角色。

吴鹭山们是如此热爱这片土地,哪怕是和温州有关的只字片语都要把它抄录下来,珍如拱璧。夏承焘一九四七年七月廿四日日记,可为一证:"天五近读《瓯海轶闻》《宋元学案》,有意为永嘉经制之学。谓将写一简编,教温中学生,期有继起。谓永嘉学虽融汇濂洛关蜀之传,而溯源当及宿觉禅师之言心性,以经制之学不能离心性。天五尝费十余日力札注《证道歌》。是夕共谈永嘉儒先遗事甚多。念当时季宣、水心、景望、止斋诸公会集雍容景象，诵江山如画，一时多少豪杰之句，神往无已。又念今日乡中诸显宦偷薄情况，但有喟叹。又谈郑景望不丐祠禄，王梅溪刚方，觉得圣贤煞是容易做到。今日理师友函札，得孟劬先生遗笺，乃答予问佛学者，谓今日中邦须为实际之学，佛学及西洋哲学，皆非要图，不必汲汲费神于此，劝予留意永嘉经制之学。重闻天五之言，跃然心动。"这种热爱贯穿着吴鹭山的学术生涯。

吴鹭山心里装着雁荡这部大书。他视雁荡为家山，结交夏承焘后即邀请他来游，甚至筑来禅楼等待夏承焘的到来，留下一段佳话。他在给蒋礼鸿的信中也写道："弟索居鲜惊，春间使龙园东草草缚一屋，花竹之下，聊供坐咏。但恨无素心人，如吾云从，数此晨夕耳。雁山之约，深契愿言，他日鹿车惠来，弟当笠屐相候于天柱、龙鼇间，班荆道故，而草堂风月亦得贤伉俪一来品题也，颙企颙企。"盛情如此。一九七七年夏，他邀徐堇侯、苏渊雷到雁荡避暑，见景生情，三老诗词酬唱，为雁山人文又添一笔。蒋叔南经营雁荡山事业，文武兼备，一边维护名胜改善交通，一边宣扬雁荡文化，而吴鹭山虽无蒋叔南这样的大手笔，但却以他人无可取代的诗话形式为家山作传，书写一部雁荡文化史。王伯敏在《雁荡诗话》序中，盛赞"鹭山有卓识，所论更胜前人一筹"，"鹭山自己是诗人，诗人论诗，犹如画家论画，其个中三昧，在他笔下，通体明亮。何况鹭山这位名士，早有'三尺石阶，露冷待月'的慧悟，故其话来多有旷达超尘之言"。此可谓知言。

一九八六年的最后一天，吴鹭山病逝，享年七十六，葬于雁荡净名谷龙头岩下，这无疑是吴鹭山作为雁荡之子的最好归宿。早他半年去世的夏承焘，一半骨灰也安放在雁荡山麓。一代词宗，雁荡之子，同一归处。谁能逃脱了呢？人生命运各不相同，到末了殊途同归。

刘廷蔚：昆虫学家、诗人

偶得一九四〇年十一月版《贵州白蜡种虫品质问题》作者刘廷蔚签赠本，发微博显摆。华东师范大学陈子善教授跟帖评论：刘廷蔚其人其诗，使我想起了蔡希陶，想起了鹤西，想起了贾祖璋……他们有一个共同的特点，都是动物或植物学家，或研究昆虫学，或研究鸟类学，或研究农学，但都喜欢新文学，在生命的某一阶段投身新文学创作，或诗或文，均颇有特色，值得关注和研究。

诚如斯言。下面就来说说刘廷蔚——栖息在昆虫学领域的诗人，寄居在诗歌界的昆虫学家。

长兄若父

刘廷蔚，英文名为Lew Gideon Tingwei，一九〇三年二月生，浙江永嘉（今温州市区）人。刘家笃信基督教，自其祖母

---

* 本文写于二〇一三年二月二十六日，收录于《瓯风》第六集，中国文史出版社二〇一三年九月版。

起,已历三代。父亲刘世魁英年早逝,里外全赖母亲李玺操持,家教甚严。

刘廷蔚排行老五,大哥廷芳、大姐文端、二姐文庄、二哥廷藩,除弟弟廷葆夭折,均深受长兄廷芳提携。

司徒雷登曾评价刘廷芳"是全中国最有价值的二或三个华人基督徒之一"。上海圣约翰大学毕业后赴美留学,在哥伦比亚大学取得学士、硕士学位及教育心理学博士学位;又在耶鲁大学神学院深造,获得神学学士学位,并被按立为牧师。司徒雷登接掌燕京大学时,邀刘廷芳回国,聘为燕京大学神科即后来的宗教学院教授。刘廷芳为推动燕京大学的改革作了极大的贡献,同时积极致力于中国基督教会的自立和本色化发展,是当时中国基督教界的领袖人物。刘廷芳还是位诗人,曾出版诗集《山雨》、《她的生命》(合著)。作为最早把黎巴嫩诗人纪伯伦的散文诗介绍给中国读者的翻译家,译有纪伯伦的《疯人》《前驱者》。

刘廷蔚的成长深受刘廷芳的影响。幼年求学于温州的教会学校崇真小学和艺文学堂,燕京大学毕业后,留学美国,在康奈尔大学获昆虫学博士学位——仿佛是循着刘廷芳的踪迹。文端、文庄、廷藩亦然。文端、文庄都就读于燕京大学,后来分别嫁给在燕大任教的陆志韦、徐淑希。廷藩金陵大学毕业后也留学美国,学成后在清华大学任教。这些与刘廷芳在燕大的深厚资历有很大的关系。

长兄若父,从一九三八年二月刘廷芳给刘廷蔚夫妇写的一封信可见一斑:"伏念吾家自祖母大人皈依圣教,不畏万难,打破一切旧礼教之束缚，屏除社会之一切迷信，创办女子教育，开故乡风气之先声，毕生虔诚、笃信、励志、守道、懿范在人间，至今为乡里所传颂。祖母遗训嘱吾家子孙须世世信奉圣教。母亲大人早岁守节，谨遵祖训努力奋斗，使吾辈得有今日，并使刘家垂绝之支得复而盛。饮水思源，不能不使吾辈激励孝恩。"

山中岁月

刘廷蔚读燕京大学前，曾在南京读预科。正逢五四运动，走上街头宣传抗日，不料与警察起了冲突，受了内伤。但刘廷蔚依然忘我工作，四处奔走。有天回家，才到门口，口吐鲜血。卧床半年，变成肺病，一年后病情加重，不得不休学，上庐山普仁医院养病，三年才痊愈。

山中岁月，成就了刘廷蔚诗人的地位。他以诗代信，寄给大哥。刘廷芳把这些诗陆续刊登在自己主编的《生命》月刊上，最早的一首当是《铐镣》，刊于一九二二年一月第二卷第六期，共四节，其一如下：

> 我低头看我手足上的铐镣，
> 沉沉地叹息，
> 上帝啊！
> ……
> 惩戒——作什么？

岂不是疼爱？

岂不是痛惜？

受伤的芦苇，

你不折断。

将残的灯火，

你不吹灭。

"世人算什么？

你竟顾念他！"

上帝啊！

强忤的手足，

你就永远锁着罢！

庐山激发了刘廷蔚的灵感，他的新诗大多创作于这个时期。

陶行知在致胡适的信中，介绍刘廷蔚是"一位最可爱的少年诗人"。一九二四年三月十一日，陶行知写信给刘廷蔚，又称他为"诗山里的诗人"。这封信写得很美：

诗山里的诗人！庐山一山都是诗：树是诗树，草是诗草，花是诗花，水是诗水，风是诗风，月是诗月，云是诗云，雪是诗雪，鸟是诗鸟，兽是诗兽，晴是诗晴，雨是诗雨……山上有诗，山下有诗，山前有诗，山后有诗，满山都是诗；还有那看诗，听诗，读诗，嗅诗，写诗，一身都是诗的诗人。

> 诗人！你可晓得诗神要留你在诗山做甚？他一回两回地招你上去做甚？他要你斫诗树，采诗草，葬诗花，捕诗风，赏诗月，逐诗云，弄诗雪，听诗鸟唱歌，看诗兽跳舞，天晴山门游诗山，下雨回家写山诗……他要我送你诗斧、诗篮、诗笔……好叫你待山如诗，写诗如山。诗人的诗山啊！千万不要忘记了诗山外的诗人望眼欲穿的要看看诗山里的诗人的诗！

在山上，刘廷蔚结识了诗人徐志摩，两人谈得很投机，经常一起散步，彼此交换近作、交流心得。刘廷蔚把徐志摩介绍给刘廷芳认识，刘廷芳《追悼志摩》一文记录了此事。

刘廷蔚在庐山创作的诗歌还曾发表在《小说月刊》《晨报副刊》《京报副刊》等报刊。孙伏园主编的《晨报副刊》特地为他开《庐山小诗》专栏，一九二四年四月二十六日刊出首篇，以刘廷蔚的来信代序：

伏园先生：

> 蔚在庐山养病已近二年，在这里看云雾，看野花，看山溪里的瀑布，这林野岩壑的生涯，给我很大的感化。我爱山中的一切，情绪浓的时候，也乘兴写写诗，写的有：很长的旅游诗，很短的小诗，四行一节的韵文诗，日记式的散文诗，亦作了一些抒情诗。今天动了兴，抄了几首最近作的奉呈，请登在《晨报副刊》上。

人间春深了，山中还留得数峰残雪！满涧奔流的泉水，带着微微的绿色，亦不知道这微绿的是那里来的。昨宵听一夜的雷雨，早上又被山雀们啼醒了，我起来到前山去散步，见沿溪的地丁花都带雨放苞了，我采了满掬回来，现在乘便分一点给你——给你忠心于艺术而工做得很辛苦的人！

十三，四，十三。

刘廷蔚敬上，

橄榄园，庐山。

这些诗后结集为《山花》《我的杯》。

《山花》，一九三〇年七月由北新书局出版，风满楼丛书第二种，收录诗歌三十一首。沈从文非常赞赏，撰文推荐："这集中，作者刘廷蔚，有用透明的情感，略带忧郁，写出病的朦胧的美，如题作《我不忘记》的一诗，是我最欢喜的。""又如《野柴之火》，如《献诗给母亲》，如《春早》，如《受难节》，如《落花》，如《园路之上》，皆有一种东方的秀气惊人的美，以及地丁翠菊的扑鼻的香，使我欣悦，觉得为近年来一本极美的诗。""近年来，在诗里或在其他文章里，说最尖薄的话，或最粗野的话，便有深刻豪放的称谓。最聪明和最温柔的话，已像不很时髦了的。我想介绍这本小诗给读者，你们读这诗不能够便成为英雄，因为这本诗毫不粗犷，你们读这诗不能够便会讽刺幽默，因为这本诗不是杂感集。世界上应当还有能静味自然的美，体会人生的爱的年轻人,这诗是他最宜读的一本书。"

《我的杯》,一九三二年二月由女青年会全国协会出版,风满楼丛书第五种,收录诗歌四首。刘廷芳为之作序:"这小本是一个青年信徒宗教经验史中的一章。用诗写个人宗教与信仰的经验,整个的,赤裸裸的写出来,在中国这是第一次。"

上海文艺出版社一九八五年出版《中国新文学大系(1927—1937)·诗集》选了刘廷蔚的两首诗:《野柴之火》《献诗给母亲》。

《献诗给母亲》还曾被选为初中语文课文,广为传唱,是歌

青年刘廷蔚(刘荣黔提供)

《山花》书影

颂母亲的经典诗歌之一。

> ……
> 母亲啊!
> 在你的田园里
> 我是青青的禾麦,
> 你扶过犁
> 降过血雨,
> 到何年何节
> 才能向你俯首,
> 　说是你收成的时候,
> 献上累累穗串
> 偃覆在田塍上,
> 遮盖你劳苦的印迹?
> 母亲啊!
> 爱之果粒
> 要分散在路上
> 　一切饥馁孤独的人了。

另外一首《早祷》,朱维之认为是"默契静悟中吐露的灵感",瞿光辉称堪与梁宗岱的《晚祷》、冰心的《晚祷》"前后辉映,互相媲美"。

燕京学子

一九二四年下半年,刘廷蔚从庐山下来,进入燕京大学读书,但只是半读生。有次,参加校内歌咏团唱歌,致使旧病复发,再次休学,前后又耽误了两年,直至一九二五年下半年才成为正式生,至一九二九年,用了六年拿到了文凭。

刘廷蔚读的是生物系,授课老师中有著名的昆虫学家胡经甫。一九二八年,胡经甫在康奈尔大学留学时的导师丹达姆博士到燕京讲学。在两位高人的指导与鼓励下,刘廷蔚进行蜻蜓幼虫饲养,并于一九二九年发表论文《北京蜻蜓目昆虫生活史及分类研究》,这是中国有关蜻蜓研究最早的论文之一。

"昆虫博士"是燕京大学同学们对刘廷蔚的戏称。二十年代初,美国电影《赖婚》在中国放映,轰动一时,其中有位角色是昆虫博士,而刘廷蔚主修的正是昆虫学,形象相符,所以同学们便送上这个雅号。想不到他毕业后赴美深造,成为名副其实的昆虫博士。

在燕京大学,刘廷蔚继续诗歌创作,并参加一些文学活动。一九二五年十一月二十二日,他和焦菊隐等燕大学生到北京二闸看闸水、公主坟野餐。回来后,大家不约而同写了诗文,《京报副刊》为此于十二月四日给他们出了个"在二闸和公主坟专号",其中有刘廷蔚的《在墓前》。一九二六年三月十八日,燕京大学女学生魏士毅参加"反对八国最后通牒的国民大会",不幸罹难,年仅二十三岁。北京女子师范大学刘和珍亦是在该场惨案中牺牲的烈士。鲁迅曾作著名的《纪念刘和珍君》，而刘廷蔚为哀悼魏士毅创作了一首《哀吁》，刊发在当年《生命》月刊上。次年，刘廷蔚又作一首《郁金香——给殉难的同学》，发表在《燕大周刊》三一八周年纪念号上。

那时，沈从文到北京不久，"带着我的那份乡下人模样和一份求知的欲望，和燕京大学的一些学生开始了交往"。最熟的是董景天，常见的则有司徒乔、刘廷蔚、焦菊隐、顾千里、韦丛芜等人。一九三一年六月，沈从文撰文介绍刘廷蔚的《山花》，刊在七月十五日出版的《文艺月刊》第二卷第七号，同期杂志还有封题为《废邮存底（二）》的信写给刘廷蔚，可见他们交往不浅。

刘廷蔚的夫人吴元俊系贵州省主席吴鼎昌长女，也毕业于燕京大学。但她入校比刘廷蔚晚，读的是国文专修科，与周一良同学。周在《燕大校史上被遗忘的一页——国文专修科》一文回忆，吴元俊的古文字学颇有根底。容庚先生上说文研究课时，写一个字的楷体，再叫学生上去写这个字的篆体，吴元俊差不多每次都能写得出来。据说她很以才学自负，声称非博士不嫁，后来果然嫁得个博士。据燕大校友罗学濂的文章说，他们的结合在离校后，是刘廷蔚的母亲首先看上了这个儿媳妇。

沪江教授

一九三二年，刘廷蔚学成回国，任沪江大学生物系教授。

二〇一〇年去世的中科院院士邱式邦当时正在沪江大学读书，他在《耄耋忆旧》一文中讲述了刘廷蔚在沪江大学任教的一些往事。

刘廷蔚到系后即开了一门昆虫学的课。"第一堂课先讲昆虫的定义。他说昆虫是指体躯可分为头、胸、腹三部分，有六足四翅的节肢动物。但通常人们对'虫'字用得很滥，从单细胞生物一直到哺乳动物都可以叫'虫'：阿米巴叫变形虫，细菌叫微生虫，还有蛔虫，景阳冈武松打虎，将老虎称为'大虫'，有时某些人也被称为'寄生虫'或'可怜虫'"。

刘廷蔚平易近人，讲课很风趣，深入浅出，受到了同学们的欢迎。后来，刘廷蔚还开设了生物学技术、水生生物学等课程。

沪江大学校园种了很多海桐树，绿叶红果，非常好看。但一九三五年受介壳虫危害，不少树枯死了。刘廷蔚鼓励邱式邦进行观察研究，还把自己的实验室借给邱式邦养虫。正是在刘廷蔚的影响下，邱式邦对昆虫学产生了浓厚兴趣，将之作为终生事业。

治虫专家

邱式邦毕业后进入南京中央农业实验所病虫害系工作。不久，刘廷蔚也被聘为该所技正。

南京中山陵的松毛虫为害严重，刘廷蔚与邱式邦合作松毛虫防治研究课题。刘廷蔚深入江浙山区各县实地调查，取得大量一手材料。邱式邦回忆，有次上紫金山调查，为了解山上和山下不同环境与松毛虫发生危害的关系，两人一个劲儿往山顶爬，误入军事禁区，被扣押起来，后来实验所出具身份证明才获释放。

《浙江蜂类志》记载，一九三六年至一九三七年，刘廷蔚与邱式邦发现松毛虫卵寄生蜂三种、幼虫寄生蜂及寄生蝇八种、蛹寄生蜂四种。

刘廷蔚与邱式邦的研究成果指出，宜在越冬前防治松毛虫或在冬季晴暖日于向阳面捕杀爬出来取食的幼虫较为简便有效。

抗战爆发后，中央农业实验所内迁，工作人员分散各地。刘廷蔚去了贵州，邱式邦分到广西，从此没有再见面。一九四一年第二卷第一期《广西农业》杂志上有篇刘廷蔚、邱式邦合撰的论文《广西松毛虫之越冬及其冬季防治问题》，大概是他们最后的

刘廷蔚与吴元俊结婚照（刘荣黔提供）

合作成果。

刘廷蔚于一九三八年六月任中央农业实验所贵州工作站技正。在黔期间，他主持植物病虫研究室工作，与林郁等对白蜡虫品质进行了调查研究，提出了中国优良虫种的质量指标，所撰研究报告《贵州白蜡种虫品质问题》，被认为"创吾国昆虫学研究之新记录"。有关研究成果，还被布置在贵州省立科学馆，李约瑟参观后，赞赏是"一间极好的展室"。

一九四〇年十一月，贵州省成立防疟委员会，刘廷蔚任委员。

一九四四年十月，中国昆虫学会成立。一九四五年一月，刘廷蔚当选为该学会候补理事。

据《贵阳市花溪区志》载，一九四五年，该地区为防止稻苞

刘廷蔚在实验室（刘荣黔提供） 　　刘廷蔚签赠本

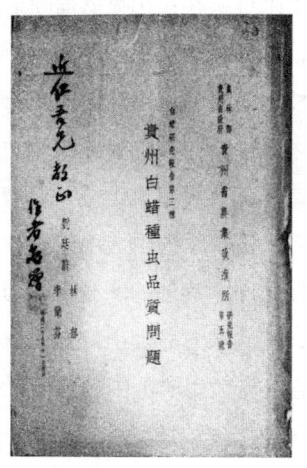

虫，全境推广刘廷蔚制发的"稻梳拍板"。

一九四六年五月，天津军粮城七里海草原赤盐滩发生大面积蝗灾。此地系黄河故道，芦荻丛生，易于蝗虫繁殖，为蝗灾多发地。有一年，军粮城附近的一千七百亩稻田，三小时即为蝗虫侵蚀一光。该年蝗灾生成后，四路向南移动，每一路长有三里，宽约五六里，估计有两亿八千头。其时正逢夏季农作物收割时节，若不及时消灭，后果不堪设想。灾情引起多方关注，联合国善后救济总署也派员前来调查。

刘廷蔚时任农林部病虫药械制造实验场北平分场主任，临危受命，带领二十多名技术骨干赶往灾区，夜以继日散布毒饵、喷射药剂。无奈栖息于芦苇丛中的蝗虫数量庞大，不能短时间内予以消灭。这时美国海军陆战队恩来德上校来参观治蝗工作，刘廷蔚谈了困难所在：用喷雾器喷射药剂，难以深入芦苇丛中。商讨之际，刘廷蔚忽然想到陆战队所用喷火器，请求帮忙一试。恩来德上校慷慨应允，迅速调来三十五名士兵携带六台喷火器，前来助阵。喷火器曾在硫磺岛战役中烧出躲藏在岩穴中的日军，现在把枪口对准飞蝗，可谓是头一遭。想不到效果显著——美军还希望得到一份科学报告。由于蝗灾区域一部分为国民党统治区，一部分属共产党管理的解放区，为了使刘廷蔚他们展开全面的捕杀工作，国共双方分别由郑介民、叶剑英签署联合证明，在军粮城以北直径十公里的范围内施行灭蝗时，予以协助和保护。

灭蝗工作持续了一个多月，六月底才告一段落。在烈日下连续工作，很多技术人员都生了病。刘廷蔚自己也上吐下泻数日。

他在给妻子吴元俊的信中说："我已晒得黝黑，一身脏衣服满头的灰，这样子若回家，岳母大人一定把我赶出去！可是我的援助物资都是因此得来。"

特殊寿礼

一九四七年，农林部在上海成立中央水产实验所，由林绍文主持，他旋即拉来老同学刘廷蔚，任命为副所长，共同谋划。这是中国第一个水产科学研究机构。

一九四八年十月，中国农村复兴联合会在南京成立，刘廷蔚被聘为农业组技正。不久，任农复会广西工作站副主任。

农复会迁到台湾后，刘廷蔚随之渡海，编入第一组即后来的植物生产组工作，负责病虫防治，一方面做科学研究，一方面亲自为农民服务，兢兢业业直到退休。罗学濂说，刘廷蔚从不独居其功，始终认为病虫防治与作物培育改进法、施肥灌溉法等成鼎足，缺一不可。

在刘廷蔚六十岁那年，他的同事将历年工作经验写成若干论文，编辑成集，题为《台湾植物保护工作·昆虫篇（一九四〇——一九六五）》出版，作为寿礼。此书有刘廷蔚自序，谈到了他对生命和事业的看法：

  只有奔腾扑岸的春潮，象征我心里所见"生命"的光华；挟着大海蕴蓄的威力，那样无忌惮地，冲上岩礁，碎作涛雪。海，原是生命的摇篮。

人的一生，只是短暂的个别的存在，像海潮里起一个浪花，没一个浪花，个人算得了什么！可是人所接受的生命，像海里的一朵浪花，却属于海的本体。生命最初披上卑微的形体，从不可穷竟的湮古投向未得知的未来。永不休止地演化，以求至善至美。

静穆中，我又听觉生命沉着的步伐，走向永生。

人类智力的出现与开展，是生命洪流所取的道路。无如碌碌众生鲜有憬悟其个体与生命的进化之关连，而大多自溺于短暂速朽的个身荣枯的计谋，致社会群众幸福迟迟未得实现。廷蔚虚度六十年序，愈来愈抱持这样的观点。

植物保护是生物科学，不是农艺。求成就颇非容易，因为生命的现象很复杂，所织的网非常细密。目前以有限知识，帮助农民减少损失，同时亦可增长阅识，自是一种佳趣。十五年前，廷蔚踏上台湾土地时，已是中国农村复兴联合会职员，一直以植物保护工作为职业。这些年终我有不少可爱可敬的同工伙伴，虽然很少与他们谈论人生观念，但事实表明他们不计平淡生活，自爱自重，专心科学真理的探求，认真职守，以减除农家疾苦为生活愉快的目的。台湾植物保护技术的建立与推行，都是他们精神劳力的贡献。

……

叶落加国

刘廷蔚喜欢收集各种杂志上自己喜爱的页面，剪辑成图画，晚年尤其乐此不疲。一九六八年六月，他还用这样的方式给儿子刘荣黔写了一封信：

> 实在的，半年来我迁入新居，我又在半退休的工作情况中，妈妈与我的生活情趣甚好，你们在外展开生活、战斗绝对无须考虑后方。日前在路摊上买几本旧杂志，除裁下我所要的几张图画外，丢掉时亦取下几幅小漫画，利用它说明我们现在的生活与心情，倒颇有用处，以其较能达意抑亦"有诗为证"也。

此信所配之漫图有关读报、聊天、看电视、摆龙门阵等内容，一画一解说，并以几张大人孩子在一起游戏的画，善意提醒儿子儿媳早点生养孩子，要以祖父祖母的身份进入他们家。最后一张是一个婴儿光屁股朝上趴着，刘廷蔚这样写道："爸爸而且严重警告，刘家只对女儿客气，父母的威权是永远保留的，你们若不乖乖的，我随时会这样把你翻过来……的，咳！咳！"展示了父亲的可爱、慈祥的一面，一位诗人、一位昆虫学家的不为人知的一面。

刘廷蔚退休之后，喜作旧体诗，与凌立、唐性均、郑曼青等多有唱和，辑有《廷蔚诗存》。

由于刘廷蔚的两子两女均在美国、加拿大工作生活，因此七十年代他偕夫人移居加拿大。寄居海外，心系故园。他的诗中充满了惆怅。

如《题剪画·红梅》："去国当年一棹西，只今夕夕梦魂归。翠微山下英雄泪，散落寒荒游子衣。"

再如《遣怀》："偿愿名山老来能，徘徊心境半儒僧。屡惭温饱怜孤鳏，亦戒娇矜淡爱憎。夜坐昼眠闲岁月，万金旧楮旧亲朋。故园傲菊湮荒径，回首关山苦峻嶒。"

刘廷蔚之二女刘缘缘抗战初期夭折，葬在上海虹口公墓祖母李玺墓边。一九九三年，刘荣黔第一次出差到上海，刘廷蔚拿出收藏五十多年的一个小盒子，内有几个玩具，吩咐前往扫墓时放在墓旁。刘荣黔到了上海，才知墓地早被铲平。当年十月，

刘廷蔚晚年诗稿

刘廷蔚生病住院，四个月后在蒙特利尔离世，享年九十一岁。二〇〇一年十二月，吴元俊在夏威夷去世，她的子女将骨灰运至加拿大，与刘廷蔚合葬在一起，这几个玩具也被埋在墓中。

刘廷蔚写给儿子的信

刘廷藩：破碎了的诗人梦

刘廷芳、刘廷藩、刘廷蔚三兄弟，我写过在宗教、文学、心理学等领域皆有不凡表现的老大刘廷芳，也写过既是昆虫学家又是诗人的老三刘廷蔚，一直想写写老二刘廷藩。虽然他们三人都是诗人，显然刘廷芳与刘廷蔚的成就和知名度要高于刘廷藩，这更让我觉得有梳理刘廷藩生平的必要。

一

刘廷藩，字定寰，一八九九年生，浙江永嘉人。刘氏兄弟的成长路径都一个模式，小学和中学分别就读于温州内地会办的崇真小学和循道公会办的艺文学堂，随后到南京金陵大学深造，再出国留学。

应该是刘廷藩在金陵大学快毕业时，五四运动爆发。一九一九年六月七日，一腔热血的刘廷藩参加了全城罢市游行。

---
* 本文写于二〇二一年四月八日，发表于《温州人》二〇二二年二月号。

《申报》六月十日报道该起游行时，提到金陵大学学生在大行宫警署中区门口被巡士驱逐，刘廷藩左臂、右股受伤。当时，弟弟刘廷蔚刚读金陵大学预科，上街宣传抗日，也为警察所伤。可能是回温疗伤，一九一九年七月，姜琦、郑振铎等人在温发起成立永嘉新学会时，刘廷藩、刘廷蔚兄弟和毕业于金陵女子学院的二姐刘文庄都加入了该会，刘廷藩、刘文庄还担任交际一职。

刘廷藩金陵大学毕业后，又到武昌文华大学图书科学习。文华大学图书科仿美国纽约州立图书馆学校办学制度，收大学毕业和肄业二年以上的学生学习图书馆学专业，学制三年。刘廷藩是文华图书科初期毕业生之一，较早接受了国外现代图书馆学的专业训练。

在文华大学图书科就读期间，刘廷藩加入文学研究会，是文学研究会读书会小说组、诗歌组成员。据石曙萍《知识分子的岗位与追求——文学研究会研究》载，刘廷藩的入会编号为三十七，列刘廷芳之后。大哥提携有功。一九二二年《小说月报》第十三卷第六号刊发了刘廷藩的诗作《盘门路上》《回忆的惆怅》，五月八日、七月二十八日、八月二十五日《晨报副刊》亦发表了他《回顾》《无题》《园里》《一朵白莲》四诗。其中《盘门路上》抒写了诗人理想中的爱情："你为我在溪水的旁边，/造茅屋三间，/使我梦见你的时候，/也听见活水流。/我经过流水的旁边，/看见落花点点，/我愿我的念头，/也能个个向你流。"陆志韦也有一首《流水的旁边》："（一）你为我在流水的旁边，/造茅屋三间，/使我梦里见你的时候，/也听见活水流。（二）我早上到流水的旁边，/见落花一点点。/我求他们载我的念头/一个个向你流。（三）你回来在流水的旁边，/看看月明风软，/爱活水像爱命的朋友/能否为你消忧。"收录在一九二二年出版的诗集《不值钱的花果》，注明作于一九二一年四月二十九日。陆志韦是刘廷藩的大姐夫，一九二一年十月与刘文端结为连理。这诗不知是刘廷藩拿了陆志韦的句子，还是陆志韦改写了刘廷藩的。可以明确的是，刘廷藩没有做诗人的梦想，目前未查到他一九二二年之后有诗作发表。一九二二年刘廷藩还在《生命》第三卷第二期发表了《教会文字事业的问题》。那一年他二十三岁。

文华大学毕业后，刘廷藩到了清华学校图书馆工作。郑锦怀著《中国现代图书馆先驱戴志骞研究》一书附录有一张《戴志骞时期清华学校图书馆职员一览表》，记载刘廷藩受聘时间为一九二三年八月，学历为金陵大学文学士、文华大学图书科毕业。从这张表可以看出，与刘廷藩同事的有查修、曾宪三、徐家麟等人，他们都毕业于文华大学图书科。还有一位同事是近年日益受关注的毕树棠，他于一九三七年在第二十五期《逸经》发表《文学：红葫芦随笔》，其中一则提及汪精卫刺杀载沣而身陷囹圄，陈璧君潜入京城暗通消息，汪作《金缕曲》答之，毕树棠以为情词哀壮，"因忆吾友刘廷藩君有记某女校游艺会调寄《一剪梅》一词曰：'记得当时那一天。椅儿并肩，人儿随肩。舞罢红晕娇态妍。发儿额边，指儿唇边。听罢黄鹂听杜鹃。去年有缘，归程有缘。劳人心绪总堪怜。是处今年，何处明年？'虽不免抄袭成句，却不落滥调，盖刘子亦一情种也"。这是目前见到刘廷藩唯一词作。

戴志骞掌管清华图书馆十多年，他要求馆员定时报告自己的工作进展和心得，刘廷藩在一九二六年一月五日例会上作了西文编目股分类手续的报告。一九二六年至一九三四年，皮高品编制《中国十进分类法索引》，请刘廷藩核定佛教类书目。许地山任教燕京大学时，曾编成一部《佛藏子目引得》。他在是书《弁言》说："民国十八年春天，清华大学图书股刘廷藩先生，本校图书股田洪都先生，同时要我为图书馆编《大藏经》细目。"在一九三〇年九月一日出版的《消夏周刊》上，刘廷藩发表了《怎

刘家全家福，前排左起刘文端、刘俪恩、李玺、刘文庄，后排左起刘廷蔚、吴元俊、刘廷芳、吴卓生、刘廷藩、桂质议（刘荣黔提供）

样利用图书馆》长文。《消夏周刊》乃清华大学消夏团学术部出版，这一期是欢迎新同学专号。刘廷藩希望清华的教授和同学们能了解图书馆的分类和编目方法，"不但了解而且尽量的利用我们所管理的十五万余册的中文和四万余册西文书籍"。

二

在清华，刘廷藩与浦江清、顾随、赵万里、俞平伯、钱稻孙、朱自清等有来往。浦江清一九三一年一月八日日记有记："晚七时在西客厅宴客，到者有顾羡季（随）、赵斐云（万里）、俞平伯（衡）、叶石荪（麐）、钱稻孙、叶公超（崇智）、毕树棠、朱佩弦（自清）、刘廷藩，客共九人。湘乔及梁遇春二人邀而未至。席上多能词者，谈锋由词而昆曲，而皮黄，而新剧，而新文学。钱先生略有醉意，兴甚高。客散后，钱先生与斐云留余于西客厅谈，灯熄继之以烛。斐云即宿西客厅。余归室睡。是夜大风。"如此场面，可以想见刘廷藩在清华园的生活。

刘廷藩夫人也是清华园的活跃人物。赵元任夫人杨步伟在《杂记赵家》中回忆，为了让教授们吃上各式各样的菜肴，就和教授夫人们商量共请几个好厨子，办一个公共厨房，大家轮流管理。刘廷藩夫人也参与其中，第一天和何林一夫人、马约翰夫人等一起帮忙拿菜，"不过都是大家好玩而已"。一九二八年十一月，清华戏剧社成立，刘廷藩夫人与罗家伦夫人、赵元任夫人、孔敏中夫人等一道被聘为名誉社员。

刘廷藩夫人名叫桂质议，出生于一九〇四年前后，祖籍湖北武昌，师范幼稚科卒业。其父桂美鹏是基督教圣公会鄂西片区的第一位华人牧师，负责长江一带的传教工作，创办了沙市第一所西式学校"美鹏学堂"。桂质议是桂美鹏的第六个女儿，上有大姐桂月华、二姐桂质玉、三姐桂德华、四姐桂质良、五姐桂质华以及哥哥桂质廷。桂家这几位儿女大多留学海外，各有所成。

刘廷藩

一九三二年三月，刘廷藩与赵元任一家在美国加州

（此页照片原刊《赵元任影记之学术篇：好玩儿的大师》，商务印书馆二〇二二年版）

一九三二年三月,赵元任、刘廷藩等与在美中国留学生合影

一九三一年,刘廷藩夫妇、赵元任夫妇参加《软体动物》演出

(此页照片原刊《赵元任影记之学术篇:好玩儿的大师》,商务印书馆二〇二二年版)

桂质廷后来是武汉大学教授,著名的物理学家,我国地磁与电离层研究领域的奠基人之一。桂德华酷爱文学,是圣约翰大学教授,讲授外国文学。桂质良毕业于美国卫斯理学院和霍普金斯大学,我国著名精神病学专家。桂质议有一堂兄桂质柏乃图书馆学家,早年毕业于文华大学图书科,与刘廷藩差不多同时在此校学习。而桂月华是著名学者王元化的母亲,王元化小时候曾寄居清华园六姨家,桂质议有张照片是抱着王元化坐在三轮车上。王元化姐姐桂碧清口述材料中提到王元化童年住在刘家的事:"有一阵子,弟弟寄住在清华园西院的六姨家。北京的天很冷,六姨家的保姆把砖在火上烧热了,用毛巾包好,放在他的被窝里头。劳动人民的智慧给弟弟留下了深刻印象。六姨家有条小黑狗,因为六姨父不喜欢张作霖,就管那条小狗叫'作霖'。弟弟常常带着小狗出去玩。他爱吃冰淇淋,每天一包,六姨母、六姨父给钱让他去小卖部买,剩下的钱弟弟总是如数还给他们。他这种诚实的品德得到长辈们的赞赏。"王元化晚年致信徐迟也曾提到六姨父刘廷藩,谈及刘廷芳、刘廷蔚。二〇一六年二月二十三日,我电话采访王元化之子王承义先生,问有关刘廷藩夫妇的事。王先生说未见过刘廷藩,但有听祖母谈起他们,并告桂质议大概于一九八〇年在上海去世。

三

一九三二年二月,赵元任赴美接替梅贻琦任清华留美学生监督处主任，刘廷藩同行任该处书记。杨步伟《杂记赵家》有记："刘廷藩随来做书记，刘太太也想去，元任觉得只一年半，再带多少人出来花钱不应该，所以刘太太总觉得是个遗憾。""监督处里面只刘廷藩一个人，办事不行，而他又要去读书，所以有些学生读完学位的一来游玩的，我们就扣他们下来，他们边玩边帮忙，因此就热闹起来了。"刘廷藩在美就读的学校，据韦庆媛《民国时期图书馆学留学生群体的构成及分析》称乃华盛顿大学。

一九三三年前后刘廷藩回国，后出任国立北洋工学院图书馆主任，但很快就离开了，于一九三五年到甘肃先后担任凉州特税局长、临洮特税局长等职。这个转变与章太炎女婿朱镜宙有关。朱镜宙在温办报，与刘廷藩相识，经常出入刘家，并与刘文端有过恋情。刘家兄妹视朱镜宙为二哥。在朱镜宙晚年回忆录《梦痕记》中说，柳寰（即刘廷藩）是他与柳仪（即刘文端）的"红娘"。正因这层关系，朱镜宙出任甘肃财政厅厅长后，请刘廷藩协助他工作。温州博物馆存有一通刘文端写给朱镜宙的信，可说明此背景："藩弟此行全凭厚爱，母亲、大哥与庄妹都同铭感。藩弟自幼秉性孝友，先严在日最所钟爱，母亲守节抚孤，大哥、嫂秉承母志，襄助努力，俾得成立。藩弟辱承二哥厚爱已二十年，此后若能有所建树，光前裕后，皆二哥之赐也。藩弟诚实忠厚，哥所素知，惟阅历甚浅，又复初入宦海，前途一切，全仗哥随时训诲指导，俾免陨越为祷。"

一九三六年九月，刘廷藩向朱镜宙提出辞呈得到批复。此时朱镜宙即将调离甘肃。接着，抗战爆发，刘廷藩在西南活动，担任过贵州教育厅第三科科长。一九四三年十二月，刘廷藩在中央银行经济研究处编印的《经济汇报》第八卷第十一期发表了《经济资料类目》一文，其导言提及此文系他"根据年余在处管理资料之经验"，说明当时他在中央银行经济研究处工作。

刘廷藩四十年代的经历，鲜有文献。社会动荡，疲于奔波，图书馆专业、诗歌创作，都没有更上一层楼，宦海生涯也再无升迁。刘廷蔚的儿子刘荣黔先生告诉我，刘廷藩一九五〇年在上海去世，葬于虹口公墓，今已不存。而刘廷芳早他三年在美国病逝。刘廷藩与桂质议育有一女，名道恩，后亦生活于上海，如在世，有八十六七岁了。

黄尚英之死

读叶永蓁的文章，经常看到黄尚英、黄元白、胡健耕这几个名字，他们都是叶永蓁青少年时代的死党，形影不离。其中对黄尚英着墨尤多，除了自传体小说《小小十年》涉及，还专门写过纪念文章。

据《夏鼐日记》透露，叶永蓁笔下的人物都是有迹可循的。因为夏鼐是叶永蓁在浙江省第十师范学校附属小学、浙江省立第十中学念书时低一年级的校友，所以知道一些情况，后来读到《小小十年》，就在日记中点出了书中人物的真实姓名，比如女主人公茵茵乃郑永英，赵沁真名为赵壁，王超迷即王兆嵋，而黄尚英、黄元白则直接用了真名。这应是比较可信的。由此推论，叶永蓁记黄尚英之事迹也接近事实。

其实，叶永蓁只在《小小十年》后记鸣谢名单中提到了黄尚英，小说中并没有出现过，夏鼐却特别留意，可见对此人印象深刻。

---

* 本文写于二〇一四年三月十九日，收录于《瓯风》第十集，上海远东出版社二〇一六年一月版，原题为《黄尚英之命运》。

叶永蓁写黄尚英，我读过两篇。

先读到的一篇是《旧侣》，收在上海生活书店一九三四年十二月版《浮生集》，写了五位英年早逝的老朋友。第二则专记黄尚英。此文最早发表在一九三三年七月《现代》第三卷第三期，原来有个副标题"纪念两个朋友"，只写了黄元白、黄尚英，收到《浮生集》里时增加"纪念朋友钟世镛""纪念朋友郑特夫""纪念朋友林真曼"三节内容。

这篇文章记录了黄尚英生命里最后的一段时光。黄尚英从香港回到上海，约叶永蓁在静安寺邮局对面那个地方见面，但那天黄尚英没有来。叶永蓁收到黄尚英的信，说生病住院了。叶永蓁赶去看望，黄尚英的双颊通红，他告诉叶永蓁自己得了肺病，很严重，已是第三期。在香港发现得病，但治疗需要三百元，没有办法弄到这么多钱，所以耽误了治疗。现在回到上海，还是没有钱治病，医生让他搬走。叶永蓁写信给黄尚英的伯父报告消息。第三天，黄尚英的伯父就派人把黄尚英接到杭州治病了。过了几天，叶永蓁跑到杭州去看黄尚英。胡健耕是医生，他说黄尚英的病情像开快车。叶永蓁见到了黄尚英，两人虽然笑在脸上，但彼此心知肚明。这是叶永蓁第一次来杭州，却没有一点游览的兴趣。第二天，叶永蓁又去看了黄尚英。半个月后，叶永蓁收到胡健耕一封信，说黄尚英一九三〇年十月十九日酉时寿终于杭州××医院。"他的'寿'，只有二十岁模样的年纪。"叶永蓁写道，"我看了这一串字，低声地念着，一回，两回，许多回。"

后来又读到一篇《黄尚英》，连载在一九三一年《新学生》

杂志第一卷第二、三、四期上，有两万来字，而《旧侣》中写黄尚英一节不到三千字。

这篇文章的叙事风格与《小小十年》一路。开篇从武者小路实笃《母与子》说起，"对于自己生命的产生，谁都有时觉得有点奇怪罢"。"既然是在几千万亿的不相知的同志之内抽得一个人的签，而且在极凑巧的时机中能够偶尔的生了下来"，那么"不论在什么困难的时候或恶劣的环境里面，只要生命还有生的可能，都要一步一步地爬过那种阻碍我生的险路，活活泼泼地创造我生的有意义的生活"。"我希望以后为自己的生命还没有死之前，要好好地生着。而对于创造生的有意义的生活，也应该比以前更努力。这原因，第一固然为了自己，第二是为了死掉的友人！"文章这样转笔到最近去世的黄尚英身上。

叶永蓁回溯一九二五年秋天中学读书的时候，黄元白叫他和叶今立一起去认识新来的同学黄尚英，第一印象并不满意，"有点欠活泼似的过于忠厚，态度而且更有点像女性"。此后，两人碰到只是礼貌性的问候，寒假里也没有通过信和寄过贺卡。

第二年才开学，黄尚英就找叶永蓁、黄元白闲谈，精神比过去解放些，也不那么拘束了，于是叶永蓁渐渐对他有了好感。这学期，学校发起一个国民党四区三党部，要求他们加入，他们统统加入了。但这个组织并不是研究什么国民党主义和工作的，组织者是为了攻击另一党部的女同志，大家都失望了。当黄元白、叶今立胡闹地追求女性时，黄尚英只一味地看书，"在极纷扰的空气里面目不旁瞬地看"，叶永蓁不禁对他佩服起来，经常交换所思所想，逐渐情义相投，俨然同志般好了。那年，叶永蓁先黄尚英中学毕业，南下投军。

叶永蓁在武汉北伐部队里过着"丘八"的生活，革命和反革命正在分野。黄元白来看望他，这时候叶今立已在广州病逝，黄元白告诉叶永蓁，黄尚英在清党运动中被学校开除了。他们商量让黄尚英也到武汉来。但来了生活无着落怎么办？经济问题像一块大石头压着他们。"还是多给他邮寄点书吧，他喜欢看书。"这便是每回关于黄尚英谈话的结果了。

大革命失败后，叶永蓁、黄元白相继回到上海。黄尚英的父亲去世，家境更加艰难，虽然那位当官的伯父会帮忙，但伯父是清官，再说黄尚英也不会这么衣来伸手地过日子。在当了一年的小学教员，积攒一百来元钱后，于一九二八年六月也来到了上海。

"他在踏着时代的轨迹找寻他自己的使命。"叶永蓁还强调了一句，"他在上进。"

黄尚英很关切地向叶永蓁打听一九二七年武汉政府的情形，听着叶永蓁诉说的一切，好像眼里射出光芒。黄尚英也把自己给"这时代的怒潮泛滥所影响的意识和行为"告诉叶永蓁、黄元白。自叶永蓁、黄元白毕业后，四区三党部的工作就由黄尚英继续下去，正是革命潮流席卷而来的时候，党员发展很快，许多教员也加入了，黄尚英就这样被同志们捧到天一样高。在北伐军到来时，黄尚英见校役薪水少，便鼓动他们要求加薪，校长同意了。清党风起，校长被控告为"西批"（应是C.P的谐音，意为共产党员），黄尚英自然是"西外"（应是C.Y的谐音，意为共产主义青年团），因此遭到开除。

"不管我们的前进是否就在目前看出效果，我们一定要生下去。"这三位青年人谈论着人生，"在这时代是太需要我们了，虽然我们是不需要这时代。所以在这时代里的人，尤其是青年，都应当把自己的生命成为强一点。这是一个铁的时代。"

黄尚英觉得现在第一要务是上学，学点职业以便能活下去最要紧，他选择去上了无线电学校。后来，黄元白去了北平。故事停格在黄尚英在房间里"打，之，之；之，之打——"地学发报电码。

此文的结尾明确标着"未完"，这显然不是最终结局，可我几次查阅一九三二年的《新学生》杂志，始终未见续文。这篇文章早于《旧侣》一文发表，《浮生集》出版时亦未收录，想来叶永蓁有他自己的打算。

一九三一年四月《草野周刊》第六期《文坛新讯》栏目曾刊发一条署名"其美"的消息，标题为《叶永蓁第二部巨著完稿》，称"《小小十年》作者叶永蓁先生，最近对于文学极为努力，其第二部巨著命名《美莎》，业已完稿，计有二十七万之多。其中新创作《黄尚英》（以亡友姓名为题目），亦已脱稿，将陆续刊布于《新学生》杂志。但《美莎》之出版处，一时尚未能定夺云"。这表明《黄尚英》是完整之作，《新学生》不再连载恐另有缘故。

一九三五年前后，叶永蓁告别文坛，"再当丘八"，穿梭于战火，出版《美莎》更加没有条件，因此至今未见问世，说不定书稿已在流离中佚失。这也给黄尚英的故事留下了悬念。《旧侣》是否《黄尚英》的最后部分，也不得而知。

黄尚英学了无线电后到他患肺病去世之间，到底发生了什么？

一九八六年，黄尚英的侄子黄育青在《人民邮电》报上读到一篇有关中共于二十年代末在上海创建秘密电台的回顾文章，涉及黄尚英，便致信该报编辑部，想进一步了解有关情况。《人民邮电》报编辑部把此信转给邮电部邮电史编辑室，该室于当年五月十六日做了回复。复函简要介绍了黄尚英的情况后，特别指出《人民邮电》报上的稿件乃根据张沈川的回忆文章改写，而张的原文将收录在《难忘的战斗岁月》一书。他们还告诉黄育青："从材料看，熟悉你叔叔的主要同志是张沈川和李强，其他上海无线电训练班的同志们如曾三、王子纲也可能知道。李强同志现任外贸部部长，张沈川同志现任湖南长沙社会科学研究所顾问，你可设法向他们继续深入了解。"

我按图索骥找来了那本由人民邮电出版社一九八二年二月出版的《难忘的战斗岁月》，查看了张沈川所撰《难忘的回忆——关于我党早期地下无线电通信的创建》。

张沈川回忆，一九二八年秋，他任上海法租界地方党支部书记时，周恩来找他谈话，为革命斗争需要，让他学习无线电通信技术，归顾顺章领导。当时，上海无线电学校正在招生，张沈川参加了第一期学习班，翌年五月学成。一九二九年上半年，中共上海地下组织为筹建地下电台做人员的准备，决定培训相关技术人员，由李强、张沈川负责，黄尚英、王子纲、伍云甫、曾三、曾华伦、刘光慧、赵荫祥、蒲秋潮等人先后参加了学习。当年秋天，李强和张沈川在上海极斯裴尔路福康里九号租了一栋三层楼石库门房，建立了中共第一座秘密无线电台。张沈川和蒲秋潮假扮夫妇，把一楼作为客厅，摆上桌椅、沙发，挂上字画，置办了电扇、电炉，两人衣着讲究，"俨然一个富裕的家庭"。黄尚英在冬天的时候搬到了这里，住在一楼，张沈川住在二楼。

为了秘密电台能长期隐蔽下来，张沈川、黄尚英他们都过着与世隔绝的生活。"我们的工作时间，都在左右邻居入睡后的深夜一点到两点多钟。电台的管理很严格。我们住在电台内，基本断绝了社会关系，一年、两年通一次家信。"一次，小偷来偷张

黄尚英画像　　　　　　　叶永蓁戎装照（叶品波提供）

沈川的衣服，并从三楼他们竖立天线杆的地方逃走。张沈川明明看见了，也不敢声张，怕惊动邻居，更不敢报案了，以免暴露。

张沈川说，黄尚英曾在上海青年会无线电夜校学习过收发报，但没有实际经验。通过练习，进步很快。一九二九年十二月，黄尚英和李强南下广东（应是香港九龙），再建一座秘密电台，次年一月实现了中央和南方局的通报。收发双方，上海方是张沈川，香港方是黄尚英。"我欢喜得跳起来，秋潮同志也高兴得拍手，祝贺成功。当时的密电码是我们自己编制的，虽然复杂，但比较保密。两台的呼

位于上海大西路福康里（现延安西路四百二十弄九号）的中共中央第一座秘密电台遗址

号每周更换一次,呼号的叫法常常变动,使人辨认不清,以资隐蔽。上海党中央和江西苏区的电报都由南方局台经转。"

关于黄尚英的去世,张沈川说,一九三〇年五月,黄尚英肺病严重,经常吐血,调回上海医治,继去杭州疗养,八月不幸去世,"是我们报务员中最早去世的一个好同志"。

黄育青后来联系上张沈川,一九八一年七月七日张沈川给黄育青复信,补充了文章中没有涉及的一些事情,比如培训无线电技术人员,采取的是单向联系办法,第一个参加学习的是黄尚英。黄尚英在上海青年会夜校电训班学习并未毕业,一九二九年七月,组织派张沈川为黄尚英租了房子,让他不用再到夜校上课,由张直接教他学习无线电。和黄尚英在九龙一道工作的,除了李强还有一位朝鲜的同志。黄尚英回上海后,由邱德接任。此秘密电台一九三〇年冬遭破坏。

另外,李强作为当事人,在《一次划时代的通信革命》一文中回忆了他与黄尚英一道去香港建电台的往事。他两次去香港,第一次单独去,看地方选房子,最后租下九龙弥敦道一座楼的四层。"这是老式的中国式的四层楼,房子很窄,也很古怪,仅前后两间有窗户,中间住的两间没有窗户。我选中了第四层,把整个第四层都租下来了(一共有四间)"。第二次与黄尚英同去。"我们是携带着电台和密码坐船从上海到香港去的。上船之前,我买了两只大铁皮箱子(TRUNK)。这种箱子在当时是很时髦的,不过从外面看很笨重,里面能装很多东西,立起来放,像大衣柜，打开以后，一边挂衣服，一边放其他东西。当时，我把收发报机放在铁皮箱里，运上船，为了掩护身份，也是工作需要，我穿得很阔气，坐在头等舱，像个很有地位的人物。到香港后，我们从船上刚下来，英国警察（是华人）就要来检查，其实他们也不是要认真检查，我早已知道窍门。他们走过来了，就给他们四块钱，每只箱子两块。他们拿到钱，看都不看就用粉笔在箱子上划了一个记号，点点头就走开了。"

他们在弥敦道那座房子的四楼安装好电台，按照预约好的波长、呼号和时间，进行了联系。李强高度评价了香港建立秘密电台的意义："上海党中央与香港南方局之间的无线电通信，开创了我党通信工作的新局面。经过长期的艰苦努力，冲破了种种困难险阻，在我们党内首先成功地实现了无线电通信，这确实是一件了不起的事情，所以我说这是我党通信史上的一次划时代的革命。"

上海与香港成功通报后，李强就回到了上海；而黄尚英继续留在了香港，担任报务员工作。

这就是黄尚英离温抵沪学习无线电技术之后，到香港得病返沪治病期间的大概情形了。

作为革命先烈，《乐清县志》《浙南革命烈士传》等均为黄尚英立了传。据载，黄尚英出生于一九一〇年，乐清象阳高园村人。一九二五年考入省立第十中学，一九二六年二三月间由十中地下党支部负责人、政训教员石雨白介绍加入中国共产党。又据吴廷琯《陈适其人其事》一文记述，一同入党的还有陈适、朱澄、倪光、汤增扬等六人（该文记介绍人为徐雨白）。他们在松台山麓曾宅花园举行了入党宣誓，以后经常在那里活动。但查《中共温州党史》《浙南革命历史文献汇编》《中共温州独立支部与国民革命运动》《温中百年》等书刊，并无记载白雨石或徐雨石及黄尚英、陈适等人在温的活动。而叶永蓁所记则是他和黄尚英等人一起参加了国民党四区三党部组织。中共温州独立支部成立于一九二四年十二月，并帮助创建国民党永嘉县党部。当时"温独支"郑恻尘、胡识因等人都加入了国民党，黄尚英是不是以共产党员身份参加国民党四区三党部呢？这些显然需要挖掘更多的档案材料来证实。

我颇感慨于黄尚英的死，他是如此热爱和留恋这个世界。黄尚英在病重时曾对叶永蓁"如绝望似的在叹息"："倘如说我会得死，那我就连那所谓人生乐趣的滋味也未曾尝过啊！"

"死生，命也。"黄尚英的命是贫穷。固然，二三十年代，中国社会的主要思潮是通过革命来推进社会发展，但具体到黄尚英学生时代走上革命道路，或许更多的是因为贫穷带来的求生求改变的欲望。叶永蓁在《黄尚英》一文中，很明白地讲道："他（指黄尚英）在这时的意识停留在一种抽象的观念上，他还不能怎么了解有一种冲突在有时会超过民族和国家的境界。在偶尔被某种热情所冲动他也可以在行为上表示出自己的意识，可是正确地拿一个问题去找他相当地答复那很难使他前后的言词能够合于一致的。"

这种求生的欲望在到了上海后变得更加强烈。叶永蓁在《浮生集》后记中提道:"在一九二八、九年的时候,我和我的朋友黄尚英住在一起,在每一个月里面,平均总有一两天挨饿的。有一次,我们连买阳春面的钱也没有了,我的朋友黄尚英的体力本来是弱了一点的,他仅饿两顿饭没有吃,立刻在那晚上,他在一张小柜子旁边看书,一下子就不自觉地晕了过去,竟至连眼睛也在翻白;待等我去买了一碗粥扶着吃了过后,他才精神有几分恢复过来。饥饿的可怕,在这一次的情景里面,给我刻下一个如何深刻的印象!"

"为了使自己的生命强一点",黄尚英掌握了一门可以填饱肚子的技术,再加上他想"有意义的生",成就了黄尚英生命最后时光的全部,或许可以说为了革命付出了生命的代价。

近百年来,有多少像黄尚英这样平凡的革命者呢?

与黄尚英同样思想"左倾"的黄元白赴北平之后,也没有能再回到老家。冬天没有钱买炭,整天缩在被窝里,最后得了重病,比黄尚英早一二年去世。夏鼐赴清华读书时,有人告诉他黄元白棺木仍停放在宣外教场胡同的温州会馆。

而叶永蓁呢,在经历了中日战争及内战之后,随国民党残余退守台湾。他与黄尚英走上了不同的革命之路,在晚年撰写的《御寇短评集》《绿意集》这两本著作里,再也没有出现黄尚英这个名字。叶永蓁于一九七六年去世于台湾。

最后讲讲黄尚英的那位伯父,乃乐清近代一位知名的儒士黄式苏,清末举人,曾任浙闽等地知县,但却是穷官,当地有"黄式苏做官卖田"之说,其诗陈衍誉为"诗笔雅近香山,《北征》《二哀》诸长篇,皆清真可诵"。黄式苏视黄尚英为己出,尤为钟爱。黄尚英病重,遣子护其回杭医治,多方寻医问药。黄尚英对伯父是非常敬重的,对他帮忙深感不安。"眼看见我的伯父天天来看我,心里仿佛以为很不该似的。他年纪这么大了,当第一天来看我时,捏住我的手打咽地说话,我差不多给他感动得流下泪来!"黄尚英殁后,黄式苏遣子送灵柩归里,葬于象阳东岙山。据张炳勋《黄式苏集》载,黄尚英墓前有两联为其堂兄黄素毅所制:"呕心已遂澄清愿;建国难忘草昧功。""营兆遥临黄宅地;事亲长傍石家山。"

华五是谁

沈迦兄从QQ上传来一篇文章，问作者是谁。

他那时候正千万里追寻英国人苏慧廉的踪迹，忙着写"苏慧廉行传"。

这篇文章题为《英国汉学家》，署名华五，发表在一九三七年六月十六日出版的《宇宙风》第四十三期上。

文章提到了苏慧廉（文中称为苏熙洵、苏熙老）在牛津大学汉学教授任中的几段逸事：写信给《泰晤士报》主编解释山西为何成为模范省，因为他曾任山西大学西斋总教习；做寿时，在家里大厅内挂一幅红的寿幛，上面缀着一个金的寿字；对孙中山没有好感，在演讲时称之为煽动者，引起学生反感；有新的中国学生到牛津留学，总请到家里喝茶等等。

苏慧廉最后两年是在病床上度过，作者专门跑到医院和他家里看望；苏慧廉去世后，到教堂送别。对于苏慧廉，作者如此评价："苏熙老对于中国是无限的爱好。几十年来的过渡情景，在

---

* 本文写于二〇一四年三月二十一日春分，发表于《现代中文学刊》二〇一五年第三期。

他心目中，成了一幅复杂的图画，这图画有时使得他眼光模糊，头脑昏乱，好像看见了一个万花筒。""平心而论，苏熙老有他的长处，也有他的短处，但他的立身处世，实比许多从中国归来的欧洲人来得高明。就学问方面说，苏熙老对于中国的文字与经史，确曾费一番苦功夫去研究，他的思想我们尽可不赞成，但他的治学精神终是值得佩服。"

这位华五很可能是苏慧廉生前交往的最后一位中国人，但他又是谁呢？

我翻了翻《中国近现代人物名号大辞典》，是有一位笔名华五的作家，他的真名是蔡振扬，一九一七年出生于泰国，一九二八年回国，一九三一年后在《侨声报》《星粤日报》《福建民报》等工作。中华人民共和国成立后，他在上海市教育局研究室任职，后转任学校、工厂外语教师。一九八〇年进上海社会科学情报所从事英、日、俄文译校工作，一九八七年退休。沈迦兄发来文章询问的时候，蔡振扬还健在，他于二〇一一年去世。

但从蔡振扬经历看，显然与《英国汉学家》对不上号。一九三四年苏慧廉离世前后，那个华五在英国，而这个华五在中国。

我又在论坛上发了帖，请教了几位有关专家，还是没有什么头绪，只有自己"E考据"（用电子资源进行考据）了。

前几年所谓的E考据还没有现在这么发达，搜索华五的蛛丝马迹很费工夫。不像今天，在全国报刊检索网按题名条件键入"华五"，就会跳出《忆华五》这篇文章，不费吹灰之力。而且

《新文学史料》二〇一〇年第一期秦贤次《储安平及其同时代的光华文人》、《华东师范大学学报》二〇一二年第六期李孝迁《"他人入室"：民国史坛对域外汉学的回应》等文均已指出华五是谁及《英国汉学家》的作者真名，百度一下也可找到。

不过，总算是让我发现了。这种得来的愉悦是人家拿食物喂到你嘴里而获取的快感无法比拟的。

对，就是这篇发表在一九四七年《论语》第一二八期上《忆华五》，让我知道了华五是谁。

此文作者刘盛安，论关系算华五的晚辈，但两人的友谊很深。

刘盛安知道华五是从读《口供》《四年》这两篇文章开始的，还读过其他一些散文，尤其有篇记载伦敦公园内英国各党派宣传员的文章是"好到无可再好的了"。但这么让人佩服得五体投地的作家却不是学文学的，而是学政治经济的。刘盛安说，华五的为人像他的文章那样流畅，"一点苦也不肯吃，喜欢舒服"。华五很绅士，以至于他家的老妈子感到他是怪人，"我给他拿皮鞋他说谢谢，给他打脸水他也说谢谢"。华五喜欢上馆子，"但绝不在外喝咖啡"。华五很懂趣味，他的夫人也一样有幽默感。在刘盛安眼里，华五的家是最理想的小家庭。有天，华五的夫人与小孩对话。"宝宝，你在公园里看见几只熊？""一只熊。""一只什么熊？""一只郭子雄。"

刘盛安在文章快结束的时候，通过这个故事告诉我们华五真名叫郭子雄。"雄""熊"同音，华五的孩子才会说自己看到了一只"郭子雄"。

问题虽然解决了,但刘盛安的文章只写了与郭子雄交往的片段,"关于他过往的生活,我不熟悉,我想一定有别的朋友写出来"。可事实上,有关郭子雄的文章却没有其他朋友写出来。这不禁使我有了追寻郭子雄事迹的兴趣。

我查到一九六八年二月出版的台湾《四川文献》第六十六期,曾刊发一篇一波(即毛一波)撰《记郭子雄——三十年代川籍作家之二十一》,这可能是唯一专门研究郭子雄的文章,颇费周折复制来一看,也不过只有四百多字——

> 郭子雄,资中县人,是郭子杰的弟弟。他生于清朝光绪三十二年(一九〇六)二月二日,殁于民国三十三年(一九四四)某月,享年才三十八岁。他先在上海光华大学念书,毕业后,去英国伦敦求学,得牛津大学文学士。
>
> 民国十六年下期,我在上海真如的国立暨南大学,和同事章克标与邵洵美等办了一个《金屋月刊》,上面即刊有郭子雄的新诗,而我知道有此一人,便在其时。因为当时同寝室的郑胥恭(号只淳,是那时暨南大学的师范科主任)告诉过我,说子雄是我们四川同乡也。
>
> 子雄在南京历任中央政治学校教授,国际关系研究会研究员,对日抗战期中,他供职于外交部成都专员公署,时为民国三十三年。
>
> 子雄的文艺作品,计有《春夏秋冬》及《口供》等。

子雄殁后，葬于他的故乡资中，墓在城的北岸。那时我正由成都到资中工作，在车上，有人遥指他的坟墓给我看，陡忆前情，便有了《过子雄墓》一诗，诗曰：
　　一抔土未干，道是子雄墓。
　　往事系我心，作家集金屋。
　　如何一诗人，今上九泉路。
　　悠悠共千载，文章建安骨。
回想起来，这也是二十几年前的事了。

刘盛安的文章太过感性，而毛一波的文章只提供了郭子雄基本信息，略去亲历部分，虽可作为作家词典条目之类，但却不过瘾，重要的是两文都没有把郭子雄短暂一生的精彩部分写出来，比如与徐志摩的交往、海外求学经历等等，所以我觉得有必要做些补充。

　　郭子雄自幼父母双亡，靠大哥大嫂养大。郭子雄有四个哥哥、一个姐姐，大哥、二哥、三哥、姐姐都很短命，三十多岁甚至不到三十岁就去世了，郭子雄也只活了不到四十年，按现在的说法，可以归结为家族基因问题。唯有四哥郭有守（子杰），命最长，享年七十七。

　　这个四哥，了不得。北大毕业，留学法国，和徐悲鸿、张道藩、邵洵美等人成立"天狗会"。回国后，历任教育部科长、专员，四川教育厅厅长等职，三十年代筹建并主持中国教育电影协会，对中国电影事业颇有贡献。抗战胜利后赴联合国工作，一九六六年回到大陆。郭有守之妻为杨度之女杨云慧，早于一九五一年便已携子回国。此中关节，大有文章。故许礼平文章说郭有守"阳是国府官员，阴为中共地工"。总之，郭有守是奇人，说来话长，此处按下不表。只想说明一点，郭有守与文化界的深厚渊源，对郭子雄的成长，应有一定的影响和帮助。

言归正传，话说一九二四年夏郭子雄在庐山避暑，同居朋友来报徐志摩与张歆海一道上山来了，又说他们下午在山上同人打架，现住在胡金芳旅馆里。郭子雄早闻徐志摩大名，不久前从报上看到他送泰戈尔回去的消息，万分惊奇他怎么会来到庐山，又怎么与人打起架来，"一阵风在心海里吃起了狂澜"。当晚，郭子雄就来到胡金芳旅馆求见。原来，徐志摩和张歆海是为一家卖

郭子雄（宗亮提供）　　在牛津大学任教时的苏慧廉（沈迦提供）

冰铺对他们与对外国顾客嘴脸不一样而与店家起了争执，幸未受伤。接着谈起私人关系，才知道徐志摩在欧洲时同哥哥郭有守是极熟悉的朋友，"彼此的感情更有了连锁"。

徐志摩在山上住了一个多月，郭子雄陪他四处游览，"还受了他给予我的文学的启发，他告诉我泰戈尔的思想以及其他"。离山的前几天，徐志摩和张歆海送给郭子雄一册《牛津英文诗选》，封面内写了长长的一段话："约会不如邂逅，有心不如无意，我们在庐山相共的日子，我想彼此都不容易忘怀的；十年，二十年，也许到我们出白胡子的日子，也消灭不了此地几个高峰的记忆……"这篇题词现在已被收录在《徐志摩全集》里了。

一九二七年春，郭子雄再遇徐志摩。郭子雄时为上海光华大学文科二年级学生。徐志摩来到光华教书，郭子雄选读了他教的英国诗和英国散文两门课。徐志摩在光华每周有三个早晨有课，但光华在郊外，交通不便，所以有段时期徐志摩总在前一个晚上来到学校，郭子雄常在夜间到他的房间陪他，有时还一起吃晚饭，谈天说地。当然，郭子雄常带诗稿去向徐志摩请教，"有的地方他说好，有的地方他的批评很严厉"。多年后，郭子雄回忆此情此景，依旧感激不已："我听志摩对我讲话，有若吃青果，最初觉得苦，过一阵便吃出它的甜。如其我将来在文学上能有些微的造就，我忘不了志摩的良言，他指示了我一条正路，我得循着这条路走去。"

那年秋天开学后，一个在学生会负责的同学提议请定居上海不久的鲁迅来校演讲，郭子雄热心附议，和两位同学一起去请鲁迅。十一月十七日下午，鲁迅应邀来光华演讲，主题是文学与社会，鄙视为艺术的艺术，主张"文学还是同社会接近些好，将人生各方面扩充，将各种人的境遇写出，供各种人相互感觉，然后乃有顶光大顶正确的人生，乃有新的文学出来"。演讲的内容和此后去大夏大学所讲相近，郭子雄和洪绍统做了记录，合成一

郭子雄译著书影

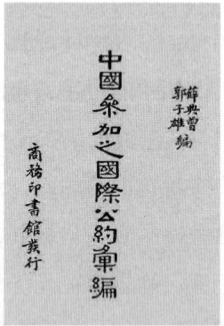

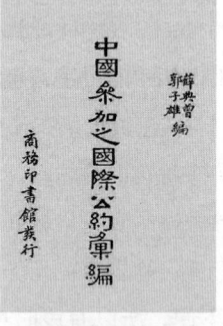

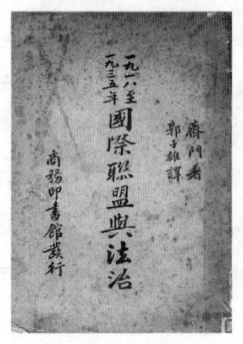

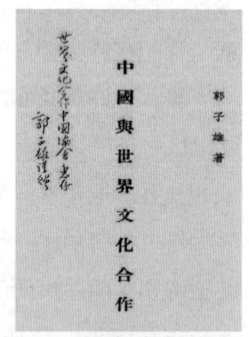

篇，刊发在十一月二十八日出版的《光华周刊》第二卷第七期上。但鲁迅的演讲颇有讽刺新月派的意思。次日，徐志摩对郭子雄说，"你也真是有点开玩笑，去把鲁迅请到学校里来演讲，也不想到会引起什么样的结果"。

徐志摩在光华教了一年半的书，于一九二八年夏匆匆结束课程，赴欧美等地游学，连郭子雄请他过目诗集《春夏秋冬》也来不及。

郭子雄的《春夏秋冬》由金屋书店出版于一九二八年九月，收录新诗《太早》《老僧》等二十六首。诗集出版后，有人在当年《吼狮》第十二期上发表诗评："假使有人来问我，新诗已长进到什么地步，那我一定要请他去读郭子雄这本的诗集。……"评价可谓不低。徐志摩回国后读到亦表示很喜欢，称赞郭子雄的思想"多少有点根基"。

一九二九年一月，徐志摩写信约郭子雄见面，让郭子雄写一本书，再三叮嘱别粗制滥造。当时，中华书局为发展业务请徐志摩编辑一套文学丛书。郭子雄答应写一本散文，这就是一九三〇年四月中华书局出版的《口供》，新文艺丛书之一，收录《口供》《四年》《我的大哥》等十一篇，三万多字，一次性稿酬得一百大洋。郭子雄说，如果没有徐志摩的勉励，是决写不出来的。

一九二九年夏，郭子雄光华大学毕业后，决定到英国学国际关系。临行前，徐志摩给他写了三封介绍信，分别给拉斯基、狄更生、雷蒙赛三位学者，还在四马路的一家餐馆设宴为郭子雄等几位出国的光华同学饯行。但郭子雄到了英国后,并未如愿进入剑桥大学,只好在伦敦大学政治经济学院学习,为此郭子雄还给徐志摩写信诉苦,徐志摩回信安慰了他一番。

或许是郭子雄的留学,使徐志摩想起来了自己那段经历。一九三〇年六月,徐志摩在《金屋月刊》第一卷九十期合刊上发表了一首《致小郭》,后来此诗收入《猛虎集》时,改题为《给——》:

> 我记不得维也纳,
>   除了你,阿丽思;
> 我想不起佛兰克府,
>   除了你,桃乐斯;
> 尼司,佛洛伦司,巴黎,
>   也都没有意味,
> 要不是你们的艳丽,——
>   玫思,麦蒂特,腊妹,
>   翩翩的,盈盈的,
>   孜孜的,婷婷的,
> 照亮着我记忆的幽黑,
>   像冬夜的明星,
>   像暑夜的游萤,——
>   怎叫我不倾颓!
>   怎叫我不迷醉!

在伦敦住了一段时间，郭子雄又到了法国、德国、波兰、捷克斯洛伐克、瑞士、比利时等国。一九三一年秋季开学时，回到伦敦，进了牛津。刘盛安文章所提，郭子雄去过英国两次，第一次时间长，第二次时间短，应该就是指这一出一入两次，并非回了中国再去。

郭子雄回英国前，还在荷兰参加了国际笔会第九届年会，这是他第二次参加国际笔会年会了。上一年他曾受中国笔会派遣参加过在波兰华沙举办的国际笔会第八届年会，与各国作家进行交流，报告中国文坛现状。郭子雄写了年会报告寄给徐志摩，托他在《新月》上刊登。徐志摩于十一月一日回了信，"你的'笔会报告'已寄《新月》，不知四卷一号赶得及否"。谁曾想此乃他与郭子雄最后的通信。当郭子雄接到信时，徐志摩已在十一月十九日惨死于飞机失事。得知噩耗，郭子雄连做了几夜噩梦，"志摩的死，使我失掉了一个良友，一个最能了解我的人，我怎能不敢心伤"。他把这个悲惨的消息写信告诉狄更生及国际笔会的书记沃尔德等人，沃尔德把郭子雄的信刊登在笔会的刊物上。

自庐山分别后，郭子雄与徐志摩保持了长期的通信，《徐志摩全集》收录了其中八通，最早的写于一九二九年冬，最后就是一九三一年十一月一日那通，前七通郭子雄撰写《忆志摩》时均引用过。

郭子雄的这篇回忆文章是徐志摩去世四年后才写的，刊登于一九三六年《文艺月刊》第八卷第三期，上述郭子雄与徐志摩的交往基本依据此文。文章的最后,郭子雄说,徐志摩单凭这几卷诗歌和散文在中国文学史上已经可以不朽,"不朽并不是分外的希求"。就徐志摩的个人的生命说,"他的一生是一首美丽的歌,从最初一行到最末一行,都是星星样的闪着亮,没有丝毫微尘。他来到世界,像一朵百合花开;他去时是花谢落在泥土里,虽则凋谢得太早,但这不是他的过失"。天才薄命,徐志摩的死与雪莱、拜伦、济慈的死一样:"是他们不愿多留在世界?或是世界无力量久留住他们?"郭子雄追问并寻找着答案,可惜他的生命最后也落在了这个问题上面。

郭子雄近四十年的生命无疑也是一首美丽的歌,尤其海外游学那几行堪称华章。这只要读读郭子雄写的《在波兰(笔会第八次年会纪事)》《在荷兰(笔会第九次年会纪事)》《牛津大学的学生生活》《我与牛津》《伦敦素描》《杂谈英国》等二十来篇散文,便可知道海外生活给他的烙印有多深,便可理解他的女佣为什么觉得他是个怪人了。这些散文文情并茂,完全不是《口供》里那些文章般学生腔了,颇有英伦随笔的范。可惜散落在《新月》《宇宙风》《独立评论》《逸经》等期刊上,并未结集,识者甚少,不免为这位才子叹息。

郭子雄在专业方面亦有可圈点之处。曾译有《一九一八年至一九三五年国际联盟与法制》,商务印书馆一九三七年五月出版。此书作者阿忽烈·齐门是郭子雄在牛津学习时的老师,阿忽烈·齐门特地为中文版写了序言。又与薛典曾合编有《中国参加之国际公约汇编》,商务印书馆一九三七年六月出版。并且,写有一本《中国与世界文化合作》（出版资料不详）。这些都应是郭子雄在中央政治学校任教时做的。

抗战期间，郭子雄回到四川，除供职于外交部成都专员公署外，还为中国农民银行服务过，撰有《西昌行日日记》《西康省合作事业与农业金融》《一年来西康省之农贷事业》等相关文章，发表在《中农月刊》。

最后说点八卦的事情，郭子雄在四川时遇到了一段婚外情，与太太的生活出现了裂痕。刘盛安在《忆华五》中提到，这位新人外貌并不如郭太太，写的信文句不通，还夹着错字。郭子雄笑着说这已是她的"杰作"，至于为什么爱她，他自己也不知道。郭子雄为了这个女人经常从成都跑到重庆，朋友都笑他是公路局的，在测量成渝路呢。他的太太到后来竟然让了步。"她是石头，我是石匠；她是河床，我是水。总是我比她利害。"

华五的故事说得差不多了。据传他是被高热烧死的。这么一个爱生活的人，"临终前，那难以分舍的痛苦恐怕是世界上找不出的"。

回到开头，我在沈迦兄定稿前把考证的结果告诉了他。"苏慧廉行传"最终定名为《寻找·苏慧廉》由新星出版社于二〇一三年三月问世，好评如潮，在全国各类好书年度评选中，九次上榜。而我这篇小文拖至今日才脱稿，是实在人懒笔拙的缘故，不由觉得惭愧。

附记：

　　近检《申报》，得郭子雄消息一条可补其生平，尤其两次赴英时间明确了。该消息刊于一九三五年七月七日，题为《郭子雄得牛津荣誉》：曾从事学生运动，并以青年诗人及作家著名当时之郭子雄氏，自十八年夏毕业上海光华大学，秋间赴英，入伦敦大学经济政治学院及牛津大学专研国际关系，中间曾代表中国笔会（P.E.Club）赴波兰、荷兰参加国际会议，复经教育部派赴日内瓦参加国际联合会举办之讲习会。二十一年应南京中央政治学校之聘，于秋间返国任该校国际政治讲席。二十二年秋得牛津大学准许，再度赴英国入学院（NewCollege）做研究生，从世界著名国际政治学者齐门教授（Prol.A.Zimmern）继续研究国际关系，迄今两年，所著论文为《民族自决论》，于五月间送入大学考选委员会，经派定主考人员于上月间举行口试，业经核定授予文学硕士学位。查新学院为牛津大学第一等学院，国人之在该院正式研究，并得高级学位之荣誉者，实始自郭氏。闻北京大学亦邀请郭氏在法学院任教，即将于八月间返国云。

二〇二一年二月二十日

"吉金乐石"谢磊明

提起温州人在近现代中国篆刻史上的作为和影响力，大家总会先想到方介堪、方去疾等人，对谢磊明则少有顾及。西泠印社副社长陈振濂认为，谢磊明、叶墨卿以及方氏兄弟的地位和作用都有待更深的认识与挖掘。

二〇一四年是谢磊明一百三十周年诞辰，更应该纪念这位温州印坛承前启后的人物。

谢磊明名光，字烈珊，又字磊明，以字行，号玄三、磊庐，斋号顾谱楼、春草庐等。生于光绪十年（一八八四），卒于一九六三年，享年七十九岁。西泠印社早期社员，曾任永嘉县征集文献物品委员会委员、温州市文物管理委员会委员、浙江省文史研究馆馆员等职。

谢磊明年轻时曾以贩盐为业，自号"卖盐客"，在温州城区东门一带开设盐行，颇有家产。但他酷爱书画金石，渐渐走上收藏和篆刻创作之路。二十世纪四十年代，温州市图书馆馆员潘

---

* 本文改定于二〇一四年七月六日，发表于《瓯雅》二〇一四年八月创刊号。

国存随馆长梅冷生第一次到春草庐拜访谢磊明，梅馆长特地从谢磊明的篆刻作品中检出《瓯江盐隐》《结金石缘》两方闲章给他看，有意无意交代了谢磊明的人生转变。正如潘国存所言，这两方闲章刻下了谢磊明的一生。

"鬼脸儿杜兴"

自《东林点将录》《乾嘉诗坛点将录》《光宣诗坛点将录》等相继问世以来，"点将录"这种品评方式被应用于各个艺术门类，四川学人王家葵依此对近现代篆刻家进行了盘点，于二〇〇八年三月出版了《近代印坛点将录》，活跃于二十世纪的一百零九名篆刻家披挂上了《水浒传》里的名号，五位温籍印人

晚年谢磊明

榜上有名（方去疾因去世于二十一世纪初，未能列入）。方介堪是天微星九纹龙史进，周昌谷是地威星百胜将韩滔，邹梦禅是地魔星云里金刚宋万，马公愚是地轴星轰天雷凌振，而谢磊明则被授予地全星鬼脸儿杜兴。

王家葵这样评述印坛"鬼脸儿"：

> 烈珊篆刻平正工稳，不喜生辣纵横。孙洵云："谢氏以冲刀刻印，线条坚挺俊逸，布局匀称工稳，力求于平淡中追逐淳古高雅之趣，绝不狞厉离奇。"今论烈珊篆刻，虽云模拟吴让之、赵㧑叔、徐袖海，而气息不与三家相投，工整有之，终嫌平庸；其仿秦汉之作，受明人刻印影响至深，亦乏善可陈；惟其边款缩摹碑帖，堪称独步。
>
> 印之有款犹画之有题，文、何辈以双刀法作款，如刻碑然，至浙派诸子始创单刀刻款之法，赵㧑叔更作北魏书阳文款，间摹汉魏六朝造像，高古绝伦。近世印家款书各有特色，俊逸潇洒有王福厂、唐醉石，奇峭古拙推陈师曾、齐白石，至于吴昌硕篆书阴刻，来楚生汉简阳凿，皆冠绝一时。谢烈珊立身诸家之外，以单刀法缩摹定武兰亭、北魏张玄墓志于印侧，累累数百字，点画无差讹，神情尤逼肖，实边款别格。
>
> 赞曰：
> 日日摩挲吴赵徐，千金顾谱秘石渠。
> 烈珊印侧真独步，铁画银钩北魏书。

《西泠百年印要》载有戴家妙《谢磊明传·评》："谢磊明学养广博，精篆书，善治印，一生临池，刀耕不辍。治印上溯秦汉，下逮明清，后则深受邓石如、蒋仁、吴让之、徐三庚、赵之琛等清代篆刻名家之影响，作品以工稳见长。所作白文印，用刀爽利，光洁平直，淡雅静谧，有君子之风。所作朱文印，兼有邓、吴、徐三家风采，婉转流利，婀娜多姿。偶亦用大篆入印刻朱文，颇见己意。"

刘绍宽《春草庐印存·跋》中有这么一句："先是永嘉言篆刻者期于叶墨卿，自君出而人言始有异同。方君介堪始以承君指授，今遂以所诣名沪上。顾君犹落寞家居，不改其素，此又见其深潜蕴蓄不可及也。"叶墨卿是谢磊明同时代温州又一位重要篆刻家。

方介堪评价谢磊明的篆刻则曰："谢公性傲，一切学问均以我之性之所至为去从，决不肯俯首于某一家。"

谢磊明把《兰亭序》《张黑女墓志》等整篇缩小摹刻，作为印章边款，堪称一绝，令人叹服。将所刻《张黑女墓志》局部放大与原碑对照，"可得原刻神形之八九"。故当时向谢磊明求印者，多索长款。

韩天衡在《袖珍碑刻 精微画图——印章边款艺术欣赏》中指出，"边款艺术衍变到近世，亦有可喜的长进"，有大成者当推谢磊明，"他的刻款手段远出于篆刻水平之上，他往往置名碑佳帖于案几，一面玩味碑意，一面则以刀为笔，将通篇的古碑文字，缩临于印石的四侧，能达到惟妙惟肖、神完意足的境界，令人抚掌叫绝"。

当然也有人对此颇有微词。唐吟方《半个印人》以罗福颐"我不会边款"说开去："比如说隋唐以前的秦汉，印章不曾有边款一说，如果以'印宗秦汉'为准则，罗福颐自嘲式的'半个印人'听起来倒成了正宗的古法，反是那些在边款上雕龙镂凤的印人显得等而下之了。……近现代像罗先生那样心存高旷古风的印人，并不多见。大多数印人心怀明清印人，抱着'印面小世界，雕琢大天地'的想法，不肯放过在小小边款做文章的机会。赵之谦开风气之先，后继者一个个勇往直前，朱墨世界也端赖一代代刻款能手的前赴后继，异彩纷呈。二十世纪初还有一位谢磊明先生把边款作为专工，练就一手绝艺，惊天地，泣鬼神。代表作是把王羲之《兰亭序》全篇一字不漏刻于印边。作为印人的单向发展，以至红杏出墙，自有他的妖娆之处。然而另一方面，他游离印章主线的创作又回到缩微碑刻的路子上，这还算不算是印人行为呢？怕要另立一个单项来评价他了。"

在王家葵排位中，之所以谢磊明座位靠后，也是因为"边款毕竟是印面的附属物，若癖于印款而疏于印面，则有点本末倒置"。另外，他并不认同方介堪之评，"谢磊明篆刻面目颇多，但都很平庸，这枚《梦里不知身是客》摹吴让之，既呆板，更缺乏吴让之浑厚之气；《永嘉谢光之印》学徐三庚，但字与字间不能交融，全非徐派正格；《南去北来人自老》拟赵次闲，短刀碎切尚不失稳重"。

无论对谢磊明的印章边款或褒或贬，已然不能否定这是他篆刻创作的最大特色了。

尽管《中国美术百科全书》《中国现代美术全集》《中国美术家人名辞典》《民国书法篆刻人物辞典》等均收有谢磊明条目，但关于他的生平、逸事趣闻及其艺术成就研究论文却寥寥无几，目力所及仅上述王家葵、戴家妙及潘国存《金石篆刻家谢磊明》、吴景文《浙温谢磊明珍藏秘籍记》、范琼伏《谢磊明晚年〈十二花神印玩〉边款艺术刍议》等，故交、家属、弟子几无专题文章留世，这对后人认识与研究谢磊明无疑有一定的影响。

作品知多少

研究者多认为谢磊明一生治印数量不多。

结集出版的作品集最常见者为《谢磊明印存初集》《谢磊明印存二集》，温州市图书馆等有藏。

这两本印谱均于一九三五年九月由上海宣和印社出版发行。"初集"封面由王福厂题签，扉页赵叔孺题，线装十六叶，收印作七十六方。"二集"封面由楼辛壶题，扉页丁辅之题，线装十六叶，收印作八十四方。

另有《磊明印玩》，原钤本，未影印出版，辑作品三十来方，温州市图书馆等有藏。

据有关资料载，谢磊明还辑有《磊庐印存》《月令印谱》《磊明治印集》等作品集，谢宏文《先父生平琐记》一文则称有《百将百美印集》《一百零八好汉人名集》《毛主席诗词集》《郭沫若诗词选刻》等作品。大概都未影印出版，见者甚稀，故没有详细的信息。近年来拍卖会出现了数种谢磊明印集，录如下聊为补充。

《磊庐印存》，上海朵云轩二〇一〇年秋季艺术品拍卖会"金石缘书画篆刻碑版专场"上出现过两种，介绍文字云"约辑于上世纪四十年代"，乃谢磊明之子谢博文旧藏。一是裱本经折装两册，原钤本，收印百余方，附边款；另一是棉连纸单片六十九张，亦原钤本，收印百余方，附边款。图录未介绍该两种原钤本所收印章是否重复。《现代篆刻选辑》第五辑出版说明及戴家妙《谢磊明传·评》云《磊庐印存》有五集。

《水浒印草》，上海朵云轩二〇一三年春季艺术品拍卖会"名家篆刻印谱专场"拍品。线装三册，原钤本，收印百余方，谢磊明题签。又朵云轩二〇一一年秋季艺术品拍卖会"金石缘——名家篆刻印谱专场"曾出现谢磊明水浒人物篆刻集拓宣纸裱本一张，有落款"一九五三年十月，七十老人谢磊明刻"。两者内容应同，即谢宏文所指《一百零八好汉人名集》。

《选〈团结报〉诗词》，见于北京百衲二〇一三年秋季拍卖会"金石萃编——金石碑帖、古籍印谱、美术文献专场"，又曾在孔夫子旧书网二〇一四年二月二十四日拍卖过。纸本线装一册，原钤本，十七叶三十四面，其中钤印十五面，大多带有边款。

《雁荡山印集》，现于二〇一二年北京卓德国际拍卖公司周年庆拍卖会，原钤本，前有梅冷生一九六三年六月一日所撰序言记谢磊明创作此批印章前后，云"去岁春荣膺浙江文史馆馆员之聘，意兴张甚。自言我将有以贡献于国者，时方刻毛主席诗词印章。余告以昔外峰先生有三雁游记，今北雁荡闻名遍世界，曷不敢山中百三峰名一一刻之，并及前人题咏都为一集，使至者未至者俱目营而神驰为是，亦灵山之记莂也。……翁欣然从事"。此印谱乃谢磊明去世后，其子学文拓集遗作而成。梅序亦透露谢刻有毛主席诗词印章，与谢宏文所指《毛主席诗词集》应同。

另有《十二花神印玩》一组，私人收藏。据范琼伏文介绍共二十四方，刻于一九五八年。内容为十二月花及其每一月花代表的历史人物，每月两方印章，又选每神代表诗作二首诗刻为边款，计四十八款。

此外，一九八〇年始，上海书画出版社陆续出版《现代篆刻选辑》，第五辑为丁尚庚、陈衡恪、谢磊明合集，于一九八四年五月面市，其中收录谢磊明印作三十来方。

一九八九年四月，谢磊明之子谢以文在台湾印行《东瓯谢磊明先生印谱》，以纪念谢磊明一百零五年诞辰，收录印作四十余方。

印中见闻录

乐清诗人洪邦泰有一诗写谢磊明："图书金石萃珍奇，晨夕摩挲意自怡。世正好新君好古，此心难语俗人知。"

虽然有关谢磊明的资料有限，但从其作品可以发现他的志趣和性情，认识他的朋友圈。

比如从《乐山乐水》《无论魏晋》《吉金乐石》《五蕴皆空》《安心》《天道忌盈人贵知足》等闲章，可以想象他知足常乐、闲庭信步的神态。其中《安心》一印边款云："清张文端公有言：予自四十六七以来，讲求安心之法。凡喜怒哀乐、劳苦恐惧之事，只以五官四肢应之，中间有方寸之地，常时空空洞洞、朗朗惺惺，决不令入。所以此地常觉宽绰洁净。予制为一城，将城门紧闭，时加防守，惟恐此数者阑入。亦有时贼势甚锐，城门稍疏，彼间或阑入，即时觉察，便驱之出城外，而牢闭城门，令此地仍宽绰洁净。十年来，渐觉阑入之时少，不甚用力驱逐。然城外不免纷扰，主人居其中，尚无浑忘天真之乐。倘得归田遂初，见山时多，见人时少，空潭碧落，或庶几矣。以上见《聪训斋语》。窃谓自古儒先论安心之法无有如此警关者，真养心之妙诀也。特录之以醒梦梦者。"

《谢磊明印存初集》《谢磊明印存二集》录有不少名章，可见谢磊明的交往。

《雁宕仰天窠人》《东里亦瀺荡庐人》《雁宕灵岩屏霞庐主人》是为蒋叔南所刻。蒋叔南乃乐清人，与蒋介石是保定陆军速成学堂同学。平生爱好旅游，有"徐霞客第二"之称。官场失意，解甲归田，致力雁荡山开发，功不可没。这几方印均有边款，记蒋氏事迹。

蒋叔南一九三四年自文成返里路过永嘉，特意拜访谢磊明，请他为朋友刘祝群刻几方印。刘祝群乃刘基之后，又是民国时期温州一位达人。然待章刻成，蒋叔南已意外身亡。《刘氏祝群》章边款记曰："去夏蒋公叔南自百丈漈观瀑归，便道过瓯，盛称祝群先生之为人，属光为篆此数石。俗气扰扰，至今始获报命，而蒋公已作古人矣。临颖不胜感慨，聊为识此。"

谢磊明为吴鹭山刻有《吴艮字天五》章，边款云："天五仁兄前自海上归来，寄余西斋曾一年矣。朝夕过从，久而乐之。今天五移居东山，相见日浅，未知风雨晦明之夕，尚能飘灯过我以破空斋岑寂否？因其索刻，写此以证心景，即乞正是。甲戌孟夏之月磊明谢光用汉玉印法。"吴鹭山是乐清人，学者、诗人，与夏承焘、梅冷生、苏渊雷等投契。甲戌是一九三四年，吴鹭山才二十出头。夏承焘曾说当时的吴鹭山"一心向学，无他嗜好"。

谢磊明还为弘一法师刻过章，一是《沙门月臂》，白文，边款为"磊明为弘一大师制"；一是《演音》，朱文，边款为"磊明拟秦小玺，癸酉十月十日"。癸酉为一九三三年，时弘一法师寓居温州。次年农历五月七日弘一法师致性愿法师函中曾提及此两印："温州老名士谢君，近为音刻印二方，附奉印稿，希清览。"

谢磊明为画家汪亚尘刻有《云隐楼》，为收藏大家钱镜塘刻有《镜塘三十后作》《海宁钱镜塘藏》等章，后一方收在《钱镜塘鉴藏印录》。

丁辅之为《谢磊明印存二集》题名，谢磊明为丁辅之刻有《鹤庐六十后书画》等章。

一九六〇年春，时任北京市委文教书记的邓拓来温考察，希望得到民间高手的佳制。于是，古旧书店经理冯国栋向他推荐谢磊明，邓拓就托冯国栋代为联系。谢磊明拿出自己所藏一方上好青田石，为邓拓刻《邓拓之印》，落边款"永嘉谢光"。当冯国栋送上印章时，邓拓拿出五元钱让他转交谢磊明作为润资并代为致谢。

一门五社员

晚清以来，推陈出新是时代的主流，政治、经济、科学、艺术等方面都出现了前所未有的面目。温州虽偏于一方，但潮流势不可挡。温州人甚至走在了风气前头，在各个领域均有所建树。篆刻创作亦迎来一个繁荣时期，涌现出方介堪、方去疾等大家。其中固然有社会大背景的原因，但不能忽视谢磊明引领风气的作用，以及他对方氏兄弟的提携之功。

视野往往决定高度。今天我们可以很方便地到博物馆欣赏古人作品，拍卖的繁荣使越来越多的艺术作品从民间走向公众视野，印刷术的发达也使作品的还原效果逼近真迹；然而旧时的艺术家可没有这么幸运，视野受限，自然影响到创作。而谢磊明之所以能引领风气，很大程度上借助他的藏品。

春草庐之藏品使其堪称一家印章博物馆。据潘国存回忆，谢磊明最爱收藏篆刻名家的印章，藏有唐寅、文彭、何震、丁敬、曾衍东、赵之谦、吴昌硕等明清至近代篆刻名家的作品，依照刻石者时代，分放在特制的匣子里。谢磊明还收藏有多种稀见印谱。

这些藏品不仅可供谢磊明创作时借鉴，而且使弟子受惠。

方介堪在跟随谢磊明学艺时，勾摹了大量名家印章，视野日广，技艺大增，为日后发展奠定了扎实基础。王季思在《白鹃楼印记》曾记方介堪此段经历："介堪名岩，少为钱庄学徒，与今日永嘉商界闻人翁来科同门，顾以不喜商贾贸迁之术，入夜常燃膏读书，或操刀篆刻，为店主斥逐，乃于永嘉五马街摆摊刻字。厥后刀法益熟，交游益广，永嘉金石家谢磊明先生招至其家嘱代摹古印文字。磊明长介堪二十余岁，家藏碑版文字，皆吴廷康、郭钟岳家故物。介堪日处其间，相与讨论鉴赏，且师事之。磊明所有友朋酬应之作，多假手焉。数年之内，刻印以万计。磊明刻印学浙派赵次闲、皖派徐之庚。介堪早岁亦涉猎浙皖诸大家，而独肖吴让之。"谢磊明有《吴治康》印边款提及方介堪："仿秦人小玺文，方生介堪近在海上卖篆，朱文喜学此种，亦一时风气使然。建国二十二年三月十六日，永嘉谢光并记。"

方节庵、方去疾则是方介堪的堂弟，喜金石篆刻，后来成为谢磊明的乘龙快婿。他们三兄弟又先后到上海发展并有所成，谢磊明出了大力。

相对方介堪、方去疾，大家对英年早逝的方节庵可能不太熟悉，但他创办的宣和印社，曾是海上印坛的出版重镇，辑印有吴让之、黄牧甫、吴昌硕、胡菊邻、方介堪等印谱，其秘制节庵印泥深受欢迎。

方去疾早年即在宣和印社工作。一九四七年春，西泠印社恢复活动，由丁辅之、王福厂之介加入西泠印社，而谢磊明、方介堪、方节庵早已是社员了，再加上表兄叶墨卿也是社员。亲戚兄弟五人同为西泠印社社员，在当时传为佳话。

陈振镰说，这几人作为一个"集团"性的存在，可与西泠印社建社初期的杭州高时丰、高野侯、高络园家族相媲美。

一九三七年教育部举办第二次全国美术展览会，谢磊明、方介堪师徒及张红薇、郑曼青、马公愚、管圣泽、黄达聪等多位温州人作品入展。

一九五六年十月，人民美术出版社出版了上海宣和印社印拓的《鲁迅笔名印谱》，这是金石篆刻研究社一次联合创作活动的成果，集合了当时国内七十三名知名篆刻家参与，其中温籍有谢磊明、吕灵士、方介堪、方去疾、马公愚、邹梦禅、谢博文等。这无疑是"一门五社员"影响的一种延续，更可以看成是温州篆刻界的一次辉煌展现。

谢磊明的影响延续至林剑丹一代。六十年代初，林剑丹十八九岁的时候，由叶墨卿之孙叶迈庐引见拜访了谢磊明。谢磊明对林剑丹鼓励有加，嘱多写篆字，后来借给一本吴让之篆书字帖让他临写。林剑丹说："谢磊明是我走上篆刻道路的第一个引路人。"

曾是谢家燕

谢磊明的收藏富甲一方。吴景文因与谢磊明三子学文同学，故曾出入谢府。他回忆春草庐是谢磊明"自建之七间楼房，占地两亩，高敞清朗。外道坛（即天井）凿辟大池塘，旁栽花竹，中养游鱼，石笋罗列。内道坛筑有花墙，玲珑透巧，玉兰花发，香溢庭院。东南楼房，为公藏书写字刻印之大室，四壁均置自造高阔书橱拾多大只，珍藏印谱书画影印版本，琳琅满目，美不胜收，明窗净几，移晷忘归"。

然而一九四八年十一月七日，谢府失火，春草庐藏品顷刻灰飞烟灭。夏鼐闻讯在日记中写道："宝蕴楼所藏字画、碑帖尽归一炬，亦吾乡文化之一劫也。"夏承焘亦在日记中感叹："此永嘉文化界一灾厄。"谢磊明深受打击。潘国存回忆："当年年底，他扶杖来过籀园，只见他苍老多了，连说话也发抖，连连摇头长叹。"

谢磊明生前没有留下一份完整的收藏目录，亦乃遗憾之处。这里将时人所记及近年拍卖会出现的春草庐藏品略加汇总，或可管窥一豹。

谢磊明藏品中最知名的当是如下三件：

《谢磊明印存初集》书影

一是《顾氏集古印谱》。一九二三年四月谢磊明得于括苍地区，曾刻《谢光所得明顾光禄集古印谱》白文印记之，因此命斋名为"顾谱楼"。是谱乃我国存世最早的一部古玺印汇录，明代顾从德辑，当时只钤二十部，共六册。现西泠印社所藏仅四册，为张鲁庵旧物，而谢磊明收藏的为全本，疑为海内孤本。张鲁庵曾愿以一斤黄金求谢磊明割爱，未得应允。一九二六年夏，谢磊明嘱方介堪携此印谱拜谒吴昌硕，请吴昌硕题字。"吴氏看到印谱，惊叹不已，谓平生曾观金石书画珍品无数，但未获睹全帖《顾氏集古印谱》，深以为憾，暮年获睹此宝物，为宏福也。"又请褚德彝等题跋。此谱因携至沪上，躲过失火一劫，归方节庵收藏。"文化大革命"后，方介堪复见此谱，感慨万千，作长跋

谢磊明篆刻作品
《十二花神印玩》
之一

谢磊明篆刻《张黑女》

以记。郁重今编《历代印谱序跋汇编》提及此谱后藏于谢博文处，一九七九年十二月西泠印社七十五周年大会之际，托方介堪与谢家商量能否归西泠收藏，未能谈成，方介堪"长跋以记"当在此时。谢博文一九八五年去世，今此谱不知何在。

二是南宋龙泉窑青瓷叶适墓志。民国庚辰年（一九四〇）叶适墓出土，云"得之今水心墓旁之民家屋基下"。正面从右至左书黑釉篆书"大宋吏部侍郎叶文定公之墓淳祐十年吉立"三行十八字，"灰胎，胎质细洁致密。正面及边缘施青绿釉，釉质厚润透明，玻璃质感强，釉面有冰裂纹。背面无釉，呈深褐色"。劫后从瓦砾中寻得，尚全。一九五〇年夏，赠温州市图书馆。梅冷生代作《记叶适墓志》，记之甚详。现藏温州博物馆。陈万里过温见之，叹为"奇遇"，说它是"海内仅有之品"。

三是曾衍东《小豆棚》手稿。因曾衍东曾寓居温州，遗有不少手稿字画，谢磊明收藏曾衍东墨迹颇丰。潘国存登门拜访，谢磊明曾示《小豆棚》手稿、《梅鹊》画卷、《石叟》《一丘一

《春草庐印存》（温州市图书馆藏）

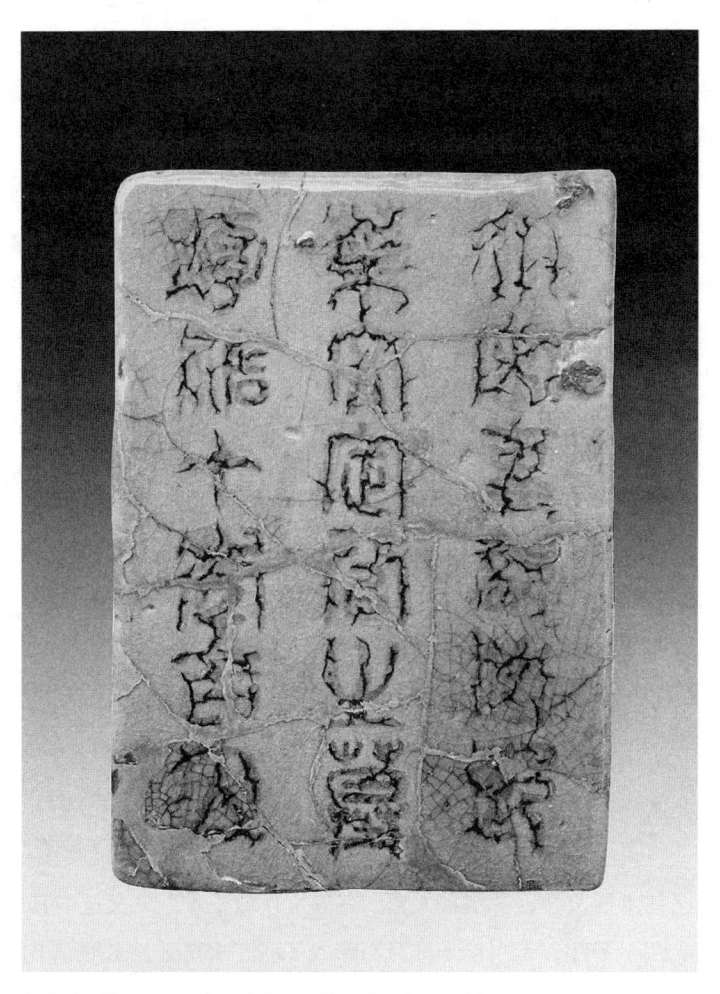

谢磊明旧藏，南宋龙泉窑青瓷叶适墓志（现藏温州博物馆）

壑》印章等，并谓："七如所作书画，用笔似青藤、板桥，而狂放却又过之。"《小豆棚》手稿与龙泉窑青瓷叶适墓志一并赠与温州市图书馆。又据张宪文《七道士曾衍东的生平与著作》介绍，现温州博物馆藏曾衍东《日长随笔》亦是谢磊明、梅冷生合藏之物。

而谢磊明最大宗的收藏是名家印章，曾自选其中精品一百五十多方，钤十多部，名曰《春草庐印存》六册。谢磊明请刘绍宽为之作跋，跋文收在《厚庄诗文续集》，赞曰："君博雅好古，于篆刻尤有癖嗜，搜集名家印谱及名人石刻，有美必收，无体不备。而于古今印人流别尤能条分缕析，于其章法刀法之异同之曲折之详尽，至手奏刀则迥越恒俗。盖酝酿既深融会而出，有非谫浅者所能望其万一矣。……是编辑存诸印皆其所昕夕心赏取而摩之者，其边款一一具列，神采焕发，灿乎可观。"

上海朵云轩二○一○年秋拍"金石缘：书画篆刻碑版专场"曾出现一本谢磊明勾摹名家印稿本，收赵㧑叔、徐三庚、邓散木等印章数百方。温州林晓克亦藏有类似印稿本一册，有焚烧之痕，为劫后重装。谢磊明还手写丁敬、黄易、陈鸿寿等印文及边款，近两年朵云轩公司拍卖过数件。这些勾摹稿本和手写印文，应是谢磊明整理藏品而成。

一九三五年春，谢磊明与林志甄、梅冷生等共同策划组织永嘉区艺术展览会，"集郡人新旧各家之作数千本"，又选取其中精品四十多件，于次年十一月影印成《浙江永嘉区艺术展览书画纪念册》（简称《瓯雅》）出版。其中谢磊明藏品除曾衍东《梅鹊》外，还有项维仁《仙山云海图》、陈舜咨行书、黄绍箕篆书对联、李宣龚行书。

谢磊明藏有孙诒让光绪丙申年（一八九六）手拓鼎铭并附释记及寄黄绍箕横卷，一九四八年请刘景晨题跋，刘景晨题曰："乡邦文献球璧同珍，得之有缘，曷胜歆羡。"并欣然作诗三首，收入《刘景晨集》，编者拟题为《磊庐仁兄属题孙仲容先生手拓鼎铭三章》，其一："二老风规故俨然，枢衣还记卌年前。摩挲遗物今何在，畏向藏家说海田。"俞天舒编《黄绍箕集》录有孙诒让寄黄绍箕《麦鼎拓本跋》，系张宋赒从谢磊明处录存。

夏承焘初识吴鹭山，吴鹭山即带他去谢府欣赏藏品，《天风阁学词日记》一九三二年二月十日提及"见其所藏谢叠山卜卦砚及黄莘田十二生肖象各一枚"。

刘绍宽《厚庄日记》提到谢磊明曾给他看过"所裱贝叶十八叶，颇精致"。

一九四六年七月六日，夏鼐到谢家借碑帖时，谢磊明出示"其家掘防空壕时所得之宋磁，一高脚杯绿釉隐花，尚完整"。一九五六年冬，夏鼐回乡探亲，"谢磊明先生来，携来王国维《大良造鞅方量跋》及伪刻埃及古碑四幅"。

检《旧温属联立籀园图书馆特藏目录》，登记"永嘉谢磊明赠"共四种，南宋龙泉窑青瓷叶适墓志外，还有清黄绍箕行书横幅、元教授王德斋圹志二件、明姜立纲残砚一件（有铭文）。五十年代均已移交市文管会，但查温州博物馆藏品目录，后三件已不存。

现温州博物馆藏汪如渊《永嘉诗人祠堂图》亦是谢磊明旧物，于一九五七年八月十六日捐献给温州市文管会。画右下角钤有"磊明所藏"白文方印，题签上谢磊明书"汪香泉永嘉诗人祠堂图。丙子四月，磊明装藏"，并钤有"谢光"朱文方印。

二〇一〇年北京保利五周年秋季拍卖会出现谢磊明、方节庵旧藏《汉铜印原》，清汪启淑辑十六卷钤印本，上有谢磊明题跋，称"此册系民国十四年以所藏嘉道间名人字画数件易于同郡周氏，越二十年经过辛巳、壬午、甲申三次沦陷避沪避乡劫余之物，节庵贤倩见而爱之即以奉贻"。此书属当年秋拍之古籍精品，成交价近六万，韦力特在《二〇一〇年古籍秋拍撷英》文中点赞。

谢宏文回忆文章还提到父亲收藏古代刀币、铜铁器及各国邮票，可见谢磊明收藏门类之广。查上海崇源艺术品拍卖公司二〇〇三年春拍出现过一册《磊庐老人藏泉》拓本。刘绍宽在《春草庐印存跋》中特别指出谢磊明"精于摹拓之法，尝以古今钱谱辗转临摹皆失真相，于是取所蓄刀布古钱皆手摩拓之，其鉴别精审不减于戴文节《古泉丛话》"。《夏鼐日记》提到谢磊明藏古币有一千多枚，其中有清末金钱会起义符标"金钱义记"等精品。

谢宏文又说，家里有唐寅、文徵明书画真迹。谢磊明七十大寿前两年，方节庵在上海借主持书画组织之便，制《百寿图》为贺，梅兰芳等百位名家题寿字。方介堪另有单独作品祝寿，均毁于"文化大革命"。

……

春草庐坐落温州城区杨柳巷，一条具有戴望舒笔下《雨巷》般浪漫的江南小巷，旧城改造拆毁无数条这样的诗意巷弄，杨柳巷幸免于难。然而物是人非，旧时春草庐前燕，不知飞入谁家。谢磊明最后手持刻刀，仆在书桌上再也没有醒来，带着爱恨而去，真令人感慨一切是空，人生如梦。

谢磊明育有博文、学文、宏文、以文、良文、克文、秀芸、秀芝、秀菊、秀蕙等子女。秀芸嫁方节庵，秀芝嫁方去疾。博文，字师约，书画金石皆能，年未若冠即在温州中山公园纪念堂举办过书画篆刻展，曾任省立温州师范学校教师，后居上海。以文，生活在台湾，亦擅长绘画，举办过数次"彩墨画展"。

林损胡适交恶考

今天我们谈论起林损,总无关他的学术,只留使酒骂座的狂名。周作人更是把他与辜鸿铭、黄侃、刘师培并列为北大怪人。这多少有些令人遗憾。

"关于林教授,社会自有公论。我不因你谩骂,致更史实"

林损的狂与怪,典型的一次表现是发生在一九三四年四月的辞职风波,至今仍有人津津乐道,是为著名的北大旧事。

这桩公案有人认为是胡适公报私仇所致,有人以为是林损咎由自取。先是张中行在《负暄琐话》里的《胡博士》一文中写道:"说起北大旧事,胡博士的所为,也有不能令人首肯的,或至少是使人生疑的,那是他任文学院院长,并进一步兼任中国语言文学系主任,立意整顿的时候,系的多年教授林公铎解聘了。林先生……是反对白话,反对新式标点,这都是胡博士提倡的。

---

* 本文断断续续写成,中间穿插写了谢磊明一稿,于二〇一四年八月十五日脱稿。收录于《瓯风》第十三集,文汇出版社二〇一七年十一月版。

自己有了权，整顿，开刀祭旗的人是反对自己最厉害的，这不免使人联想到公报私仇。如果真是这样，林先生的所失是鸡肋（林先生不服，曾发表公开信，其中有"教授鸡肋"的话），胡博士的所失就太多了。"

程巢父对此却另有看法，专门写了《张中行误度胡适之——关于林损对胡适怨怼的辨证》来反驳，认为张先生对胡适的理解并不深，通过从《林先生公葬墓表》《胡适之先生年谱长编初稿》《知堂回想录》《天风阁学词日记》《吴宓日记》等处寻来的材料进行一番论证，得出结论：（一）林损在人性上有弱点；（二）林损在被解聘前，耽酒，学问上无所进展，殊少创新；（三）解聘林损，与胡适无关。

林损在北大时期的照片　　晚年林损

过了几年，李振声在《书城》发表《且说林损怨怼胡适这桩陈年公案》一文，依据程文采信的证据，得出相反的论断：当时胡适与蒋梦麟、傅斯年是一个战壕的战友，"中兴北大"的旗帜举得高高的，无论从哪个角度讲，林公铎的被解聘，胡适必有脱不了的干系。刘永翔《胡适与林损间的一段公案》也持相同意见："蒋梦麟、胡适二人所为则难免党同伐异之讥，远远背离了蔡元培先生'兼容并包'的治校方针了，而这一治校方针从此再也没有恢复！"

新得黄悭《燕居道古》，内有《林损辞职的真正原因》一文，亦关于该话题，但矛头直指蒋梦麟："高仁山与李大钊一起为张作霖杀害数年以后，蒋梦麟迎娶了高仁山的遗孀陶曾谷，这在旧派旧思想的林损看来，很是不能忍受。朋友妻尚不能戏，更不用说是朋友的遗孀了……在林损眼中，蒋陶这种结合很不道德，因此书呆子气发作，在北大校园里又开骂了。这次骂的不是胡适，却是代理校长的蒋梦麟，据说诗作得'极为刻骨'，把蒋氏骂得极为不堪，甚至辱及私德。这样一来，林损就生生把一把保护伞给骂走了，不要说胡适想拿他开刀久矣，现在蒋梦麟也想拔了眼中刺，去之而后快了。于是一年一送的聘书就没有了，林损这一次，因为得罪代理校长，连马裕藻也救不了他了。我想，事关蒋梦麟的声誉，即便是蔡元培也不可能再帮林损了。"

潘猛补则从朱希祖书信里找到胡适"君子报仇，十年不晚"的证据。一九二〇年，北大一位叫孔家彰的学生，因为升学的问题对林损有意见，便写信给胡适反映，胡适把信转给负责此事的朱希祖处理。朱希祖为了说服林损，又把信转给林损看，虽然把具名的末页藏了起来，但林损还是查出告状的学生是谁，并闹到胡适那里，胡适羽翼未丰只好忍气吞声。所以，朱希祖给胡适写信，表示歉意："今天接得你的信，知道林公铎先生因为孔家彰事闹得不休。这事多是我粗心不好，不该把孔生给你的信给林先生看。但是我的初心并不是把这封信给林先生看了，与孔生及先生为难。我因为学生中对于国文教员写匿名信的很多，凡我可以与教员说得通的，我同他面说，不把信给他看；说不通的，只好把匿名信给他看，使他警悟。孔生给你的信，我仅把一二两页给林先生看，末页具名的不给他看。不料信中有升班的事，我起初只看骂人的地方，并不看到这件事。这是我粗心不好。林先生却因这件事查出孔家彰的名姓来，又误以为此事是先生办的，或因此迁怒先生。万望先生海涵大量，勿介意为幸。至于孔生升班的事，却是一件公事，我也不能劝林先生不说。……如其该升，也不能听林先生与他为难；如不该升，也不能禁止林先生与他为难。因为林先生课程上与他有关系，不比旁人。况林先生处我已劝他勿为已甚，且对他说此事与适之先生无关。不料他愈闹愈甚，简直使我难堪，使我蒙'撩人是非'之嫌，友谊上说不过去，我也不愿再与他交涉。这事我对先生开罪之处，或有见谅之一日。对孔生我只好独负其责。先生对于孔生已遂他英语升班之愿，也不算对不住。至于其余升班的事，其中必有误会之处，也只好不管他了。"潘猛补认为胡适与林损早结下梁子，一旦"手握尚方宝剑，必开杀戒，将林损这刺头剔除"，所以，"不必为胡适避讳而强为辩证"。

早在四十年代初，胡门弟子胡不归发表《胡适之先生传》后，就引发过一番争论。胡不归认为林损在辞职事件中大失学者风度，当时舆论界对林损大起反感，而胡适的气量很大，"一笑置之"。故林损门人薛凝嵩颇为不满，两度致函胡不归质问。薛凝嵩信中说，当时天津《大公报》、北平《晨报》均刊消息，林损请辞职后，国文系学生闻讯表示挽留，何来"大起反感"。"林公铎、胡适之二先生，道虽不同，其致力于中国之学则一，其致力于中国文学之主张见仁见智，各有千秋。夫学术见解，与政治主张迥不相侔，绝非标榜本户、推助波澜所能得逞。""夫古今学术之争，不能破则不能立。孟轲斥杨墨为禽兽，庄周指仲尼为盗丘，如此谩骂，岂不十百倍于林教授之致胡先生两函。"对于薛凝嵩的指摘，胡不归复函刺薛"如林教授化身一般"，"关于林教授，社会自有公论。我不因你谩骂，致更史实"。报人赵超构则评论胡不归这种"捧生人、贬死人"的做法"不见得怎样合乎学者风度"。

"人生各有适，吾道竟何之"

林损辞职事件整整八十年过去了，"社会自有公论"的现实是胡适如日中天，而林损徒有狂名，只是人们谈论胡适的配角。落入胡不归之口，实乃有失公允。考量林损与胡适的关系，有必要还原当事人的说法。

林损曾两度进出北京大学。第一次是从一九一四年春至一九二六年冬，达十二年之久。先任法预科讲师，后升任教授。因军阀混战，北大经常发不出薪水，要养活一大家子的林损迫于生计，遂去东北大学执教。一九二九年秋再度进入北大，任国文系教授。胡适虽然比林损迟几年到北大，一九二六年离开后，也于一九三一年重返北大，这样一对"冤家"又聚在一起了。

林损与胡适的矛盾是公开的。张中行在《红楼点滴》中回忆林损把对胡适怨气发泄在课堂上。"一次，忘记是讲什么课了，他照例是喝完半瓶葡萄酒，红着面孔走上讲台。张口第一句就责骂胡适怎么不通，因为读不懂古文，所以主张用新式标点。列举标点的荒唐，其中之一是在人名左侧打一个杠子（案即专名号），'这成什么话！'接着说，有一次他看到胡适写的什么，里面写到他，旁边有个杠子，把他气坏了；往下看，有胡适自己的名字，旁边也有个杠子，他的气才消了些。"

还有个学生严薇青在《北大忆旧》中专门写了林损和胡适他们的事。"林之解聘，可能是和他课堂上公开辱骂蒋梦麟、胡适和傅斯年有关。这三人中，对校长蒋梦麟只是附带及之，主要是骂胡和傅；但他骂的并非学术上的问题，只不过是一些生活细节。如林自己所说：有一次教授聚餐，他向胡适敬酒，胡谢绝不喝，并出示手上的戒指，说这是胡夫人让他戒酒的信物。林当即说：'胡夫人让你戒酒，你就不喝，如果令堂让你戒酒，你又该怎样呢？'弄得胡适十分狼狈。"如对傅斯年，则当面告诉他："你考北大的入学考卷，还是我看的呢！"严薇青回忆，林损上课经常以文言代口语，第一次上课就对学生讲明："考试时你们必须要用文言文答卷，白话文我一概不看。"

又据《林氏宗谱》所载《林公铎先生行述》，一九一九年九月，蒋梦麟代长北大，在今雨轩宴请林损，胡适、马叙伦、黄节、伦明、朱希祖、吴梅、张尔田、陈怀、林辛等均在座。有胡适粉丝拿《尝试集》给林损看，他翻遍全书，扔书在地，说："此狗屁不通。"胡适尴尬问："适固不通，请指其短。"林损把全书从头背到尾，一一指出哪字不当哪句不通，"胡适为之赫然"。

《每周评论》一九三四年第一四八期有《林损作联嘲胡适》一则：闻胡适演讲蔑视儒家，林损嘲为"狗之屁"，联嵌"适之"："人生各有适，吾道竟何之。"横批"胡为乎"。胡适听说后，不甘示弱："他自发于余窍耳，于我何损。"

胡适在一九一八年四月刊行的《新青年》杂志上发表《建设的文学革命论》，倡导"国语的文学，文学的国语"，林损撰万言《汉学存废问题》予以反驳。据陈谧《林损传》，该文"力辟其不可行者凡二十五事，玄同及适亦不敢谓非"，送他一个绰号"骨董"。在此背景下，林损还写了《天下文字必归六书论》《转注从戴说》《注音字母为灭汉学之原》等文，惜均已佚。

林损对白话文的态度，在一九一三年撰写的《说报》一文中可见一斑："所谓文之工者，曰神理气味格律声色，八者咸备，即尔雅渊懿之文也。""尔雅渊懿，则入人必深；粗犷鄙倍，则入人必浅。""文与语分，此文章之所以离群而立也。"他举

《列子》中"使龙发于余窍，子亦将承之"和《荀子》中"如以狐父之戈䲭牛矢"两句为例，如翻译成白话即"若公孙龙所发之屁，魏牟亦将食之""硬棒触粪"，则"鄙倍极矣""粗狂至矣"。但大势所趋，后来林损对白话文的态度也有所改观，他的学生徐英《林公铎先生学记》称《中国文学讲授发端》涉及文言与白话的关系，"白话之提倡与否，今所不论也，然要不能屏之于文之外，则似无可疑者"。

林损写过一首白话诗，这大概是鲜为人知的。题为《苦一乐一美一丑》，发表在一九一八年四月十五日出版的《新青年》杂志第四卷第四号："乐他们不过，同他们比苦！/美他们不过，同他们比丑！/'穷愁之言易为工'，毕竟苦者还不苦！/'糟糠之妻不下堂'，毕竟美者不如丑！"周作人说这首诗传递出来的思想对鲁迅塑造阿Q产生了影响。但显然林损是意气用事，只想说明我不是不会做，而是不屑做而已，他"送给刘半农、胡适之看，他们便把它登上了"，胡适他们是想读者看林损的笑话。林损有一首《初试白话》，应是写此白话诗后所感："相鼠有皮人有礼，当筵避席汝何心。爱才吾亦兼怜物，千笑初闻第一音。"

《林损集》收录了一篇《论演讲会作用》，系林损一九二一年左右在北大的演讲纪录稿，是目前能找到的唯一白话文演讲稿，里面谈到胡适及《尝试集》："军人拿人家的生命来尝试，所以叫万恶的军人。胡适居然要拿人的心灵来尝试。庄子有句话说：'哀莫大于心死。'胡适要把人心死尽，岂止万恶教员而已！譬如打铜的匠人，打铜把铜质耗废完，却剩点铜渣充数，这就不能打铜。……大家想一想，我们的命难虽不值钱，难道比铜渣、玻璃管都不值吗？为什么应该受他们这样的断送呢？但是胡适本只是一个人的胡说八道，本没有人听他，教育部里头不应该毫无主见的听他胡闹。"

在林损未刊手稿中，有"辨奸论，诛胡适也。言行矛盾，好名无耻，揽权尝试，淫乐思乱，骑墙诈欺"等句，未写具体内容。北大学生郑汝翰因病去世，林损作《郑汝翰哀词》，斥胡适之言行有损学生之纯洁："郑生肄版太学，号位高朗纯洁。然胡适之流，挟其淫妖狡险之才，倡浮薄无根之学，为异族牛马走，揭旗帜以拥皋比，陷溺人心，不知所底。使郑生尚在，其能不受磨涅与否，未可量也。"

他在与表侄陈谧的信中，分析形势，同样表达了对新文化的抵触以及对胡适的反感："今日之患，不在末坏，而在本衰。学者无以自立，务求胜人，碎义难逃，哗世取宠，非徒文学之一事也。逐新者妄，守旧者愚，其大本大法皆失之矣。唯愿精造自得，资深逢原，暂居闇然，不患不日章耳。""乾坤之运，不能无变，文学之变，由来亦久，气化推移之中，必有刍狗筌蹄之设。昔之八股，独盛五百年，及今一蹶，遽为灰烬；白话虽行……不待五百年也。""蔡元培本一浮华小人，寄迹他国，情均聋瞽，纳采游士，以推行其竞名死利之为，非知学者。胡适鸡狗虫豸，更无所置之。设速朽之业，以邀不朽之名，自古断无此理。昔尝戏驳其说，凡数百条，批隙导窾，颇云砉然，既而秘之,诚不忍割鸡以牛刀也。"胡适曾作《不朽——我的宗教》。

此外,林损长兄林辛先他几年被排斥出北大,《北大月刊》不予刊登他的一篇《醉石先生事略》,林损都以为是"媚梦麟者"所为。林损平素器重的一同乡学生卒业时居然在试卷上作白话文诋毁,故意与他作对,使他怒不可遏,认为"必受胡适教唆"。这些都逐步加深了林损对北大掌权者,尤其是蒋梦麟、胡适的厌恶。

一般以为,林损故步自封,他与胡适交恶是白话和文言之争,进一步是进步与保守之争;但事实上,林损对科学精神一直保持着敬畏。他自小对数学很有兴趣,尝言"通人硕士,耻事笔砚之间,咸以输入文明振兴科学为己任,算学亦六科之一也",对科学亦向往,到了三十年代,还写诗阐述科学真理不可抛弃:"尺棰日取不竭,厥理真实非诬。原子电子立喻,科学岂可舍诸。"并且,他早年参与编辑《黄报》,与黄兴、宋教仁、姚桐豫等共同"驰驱革命"。

《林损集》的编者陈镇波认为,林损与胡适的分歧主要在学术、政见方面,集中表现在《惜士》一文中:"谓中国可暂亡五十年者,此何言也?谓中国无文化者,此何心也?谓宜弃国粹而一归于欧化者,此何理也?排除老成而抵斥异己者,此何行也?拜夷酋而随戎师,此岂出于五藏哉?恐亦非夫已氏之性然矣。一堕荆棘,逆施倒行,皇帝之臣欤?浪士之徒欤?父母之不孝子欤?执政之一顾问欤?狗非犬类,而犬可以为羊。呼啸朋俦,皆如斯类。而刑戮不加,权威不损,极无道之为,取富厚之实，乘国家之危，作乐志之机，乾坤为之震荡，正人为之伤气。"胡适曾在《我们可能等候五十年》一文中，认为："我们的最后胜利是毫无可疑的……在一个国家千万年的生命上，四五年或四五十年算得了什么？"并说过，中国的文化传统都是"无济于事的银样的镴枪头"，主张"充分世界化与全盘西化"。杜威来访，胡适作欢迎词说："自从中国与西洋文化接触以来，没有一个外国学者在中国思想的影响有杜威先生这样大的。"因此，林损说："为异族牛马走，则颠覆国本之罪也，此而不诛，则不足以为兆民之表率矣。""今外侮之来抑甚矣！无伥何虎，伥之毒甚于虎也。杀人之身者何如死人之心，二死人之心者，则皆此伥之所为也。"但林损接受《申报》记者采访，只承认学说上与胡适不同，并无政见上差异。"本人系教授，教授教书，各有各之学说，合则留，不合则去。"

终于，当胡适着手改革时，许之衡选择默默离去，而林损一如既往，公开叫板。他分别给蒋梦麟、胡适写了信。致蒋梦麟云："自公来长斯校，为日久矣。学生交相责难，喑不敢声，而校政隐加操切，以无耻之心而行机变之巧，损甚伤之。忝从执御，诡遇未能，请从此别。祝汝万春！"致胡适云："犹石勒之于李阳也，铁马金戈，尊拳毒手，其寓于文字者微矣。顷闻足下又有所媒孽。人生世上，奄忽如尘。损宁计于区区乎？比观佛书，颇识因果，佛具九恼，损尽罹之，教授鸡肋，弃之何惜，敬避贤路，以质高明。"又在系里贴了布告："损自即日自动停职，凡选课者务祈继续自修，毋旷时日，以副平素区区之望，是所至祷。"留下别学生诗:"终让魔欺佛,难求铁铸心。沉忧多异梦,结习发狂吟。敦勉披襟受,余情抵海深。吁嗟人迹下,非兽复非禽!"

林损在北大,"学生中喜新文学者排之,喜旧文学者拥之"。他携眷南归,有人欢喜有人忧。一位叫赵钫的学生献诗惜别:"每笑白室睹缁帷,深惜先生抱道归。避世无烦关尹问,忧时终致鲁人讥。甘陵往事分南北,儒墨于今有是非。回首旧京三月暮,不堪桃李门芳菲。"更有旧时学生和在校生来信慰问,李如汉在信中说:"胡适者,亦复说之成理,言之动人,不为之惑者既寡,而能指其瑕疵者更不易得,况能面责以词乎?斯人之易文言为白话,虑文言无以见胜于人,仅欲自掩其丑耳,而其流毒于天下,小人得志,往往如是,可胜叹乎!"

风波顿起,流言飞扬。林损给黄侃写信,通报情况,并附以致蒋、胡函:"奉阅致颖民书,有'林君辞职,不胜惋惜,隋侯之珠,何致弹雀'等语,高谊深情,铭之五内,然蒋梦麟、胡适之为雀鼠,非私害也。食苗食麦,太仓其空,若不加以弹击,所学何为?一击不中,倏然远逝,损今为空空儿矣。报载种种,类不以情。至于'君子不非大夫''绝交不出恶声'诸流言,希以经术裁之,聊存正气于南国,非欲争于北鄙也。"

几位知情教授在日记中留下了对林损辞职的记录,亦各有看法。刘半农一九三四年四月十六日日记:"下午到一院上课,忽于壁间见林公铎揭一帖,自言已停职,学生不必上课云云。殊不可解。电询幼渔,乃知梦麟嘱郑介石示言公铎,下学年不复续

民国八年（一九一九），北京大学法预科三年级甲班毕业纪念照。前排左五为林损（黄瑞庚提供）

聘，你先为之备，公铎遂一怒而出此也。以私交言，公铎是余来平后最老同事之一，今如此去职，心实不安，然公铎恃才傲物，十数年来不求长进，专以发疯骂世为业，上堂教书，直是信口胡说，咎由自取，不能尽责梦麟也。"邓之诚一九三四年四月十八日日记："北大蒋、胡数易马幼渔及黄、林诸人。公铎遂先起辞职，与书痛诋蒋、胡，腾诸报章，看来此事必有大波澜也。前三年，蒋之逐朱逖先，意即在孤马之势，特马不知耳，然尚能免撑三年之久，马亦倔强哉。"

林损离开北大，黄侃介绍他到中央大学任教。遇朱希祖、吴梅等老友。朱希祖感曰："忆民国六年夏秋之际，蔡孑民掌校，余等在教员休息室戏谈：余与陈独秀为老兔，胡适之、刘叔雅、林公铎、刘半农为小兔，盖余与独秀皆大胡等十二岁，均卯年生也。今独秀被捕下狱，半农新逝，叔雅出至清华大学，余出至中山及中央大学；公铎又新被排斥至中央大学。独适之则握北京大学文科全权矣。故人星散，故与公铎遇，不无感慨系之。"

"此等败类竟允许其在北大如此久，亦吾等一切人之耻也"

但胡适对此并未作多解释，复信林损："今天读手示，有'尊拳毒手，其寓于文字者微矣'之论，我不懂先生所指的是那一篇文字。我在这十几年之中，写了一两百万字的杂作，从来没有一个半个字'寓'及先生。胡适之向来不会在文字里寓意骂人，如有骂人的工夫，我自会公开的骂，决不用'寓'也……

'顷闻足下又有所媒孽'，这话我也不懂。我对人对事，若有所主张，无不可对人说，何必要作'媒孽'工夫？""来函又有'避贤路'之语，敬闻命矣。"这又引来林损又一通骂："字谕胡适，汝本乱贼，人尽可诛，律无专条，遂尔兔脱，然为杜威作夷奴，为溥仪作奴才，纵有他技，亦无足观，况无之乎？尝试怀疑诸邪说，只遗臭耳，盍张尔弓，遗我一矢！"胡适接信后再无声响，此事才渐渐平息下去。只是到了晚年，他对胡颂平两次提及林损，一次说陈介石、林损"舅甥两人没有什么东西，值不得一击的"；再一次是相反的意思："公铎的天分很高，整天喝酒、骂人、不用功，怎么会给人竞争呢？天分高的不用功，也是不行的。章太炎、黄季刚他们天分高，他们是很用功的啊。公铎当我面时，对我很好，说：'适之，我总不骂你的。'"

胡适的日记、书信除一九三四年五月卅日日记涉及"商定北大文学院旧教员续聘人数"外，只字未提林损的事。倒是傅斯年不想隐瞒什么，他于一九三四年四月二十八日修书胡适："在上海见北大国文系事之记载，为之兴奋，今日看到林撰小丑之文，为之愤怒，恨不得立刻返北平参加恶战。事已如此，想孟麐先生不得不快刀斩乱麻矣。此等败类，竟容许其在北大如此久，亦吾等一切人之耻也。今日上孟麐先生一书，痛言此事。此辈之最可恶者，非林而实马，彼乃借新旧不同之论以欺人，试问林、马诸丑于旧有何贡献？此小人恋栈之恶计，下流撒谎之耻态耳。越想越气，皆希努力到底。"五月八日致函蒋梦麟："国文系事根本解决，至慰。惟手示未提及马幼渔，深为忧虑不释。据报上所载情形论，罪魁马幼渔也。数年来国文系之不进步，及为北大进步之障碍者，又马幼渔也。林妄人耳，其言诚不足深论，马乃以新旧为号，颠倒是非，若不一齐扫除，后来必为患害。此在先生之当机立断，似不宜留一祸根，且为秉公之处置作一曲也。马丑恶贯满盈久矣，乘此除之，斯年敢保其无事。如有事，斯年自任与之恶斗之工作。似乎一年干薪，名誉教授，皆不必适与此人，未知先生高明以为何如？"

对于马幼渔等浙江人把持北大之情形，杨树达日记亦有所涉。如一九二九年八月十四日，"饮席遇杨丙辰，谈北大学生近日开会，以朱希祖、马裕藻两主任把持北大，不图进步，请当局予以警告云云"；一九三〇年三月三十日，参加单不庵追悼会，想起单曾对他言，"欲北大办好，非尽去浙人不可"，"不庵固浙籍，盖愤朱、马辈之把持也。故余挽之云，'众人皆醉，灵均独醒'，指此事也"；一九三三年四月六日，访陈援庵，"谈及北平教育界情形，援庵深以浙派盘据把持不重视学术为恨。于此知天下自有真是非，宵小之徒不能掩尽天下人耳目也"。在胡适一九三五年十二月二十日日记中也可看到类似态度："六点半赴北大教授俱乐部第一次聚餐，饭后有长时间的讨论。马叙伦发言最多，多没有意思，也全没有煽动力量。此人破坏了教育界多少年，尚不知愧悔，妄想打劫，可怜！"

行文至此，林损辞职风波的来龙去脉大致可以看清楚了。当初胡仁源招林损等来北大，是排斥桐城派的势力，蔡元培继任，"文学革命、思想自由的风气，遂大流行"，在胡适、蒋梦麟、傅斯年们看来，朱希祖、马幼渔、林损等"浙人"个个是绊脚石。虽然林损曾对《申报》记者说："其实本人与适之非同道久矣。此次辞职，完全闹脾气。"林损的性格固然是造成与胡适矛盾的不可忽视的因素，马叙伦归结为"有节概，犹是永嘉学派遗风也，既不肯屈己附人，而尤疾视权势"，但个中奥妙怎是"闹脾气"了得。借用陈平原的话："北大校园里的改朝换代，如何牵涉政治潮流、学术思想、教育体制，以及同门同乡等具体的人事关系，远非'新旧'二字所能涵盖。"

附：

在二十世纪二三十年代北京大学新旧转型之际，林损是位有名的人物，因与胡适等意见不合遭解聘。其受争议，正如马叙伦所说："学生中喜新文学者排之，喜旧文学者拥之。"林损因脾气怪癖，在《知堂回想录》中，周作人把他与辜鸿铭、刘师培、黄侃等并列为北大怪人。不过，周作人以为林损"一般对人还是和平，比较（黄侃）容易接近得多。他的态度很是直率，有点近于不客气"。马叙伦更进一步说，"其得于人亦有在讲授之外者。盖攻读有节概，犹是永嘉学派遗风也"。

林损育有两子四女。长子守井夭折。长女守田，次女守敬，三女守瑜，四女守聿，幼子负弖。二〇〇九年四月，我在温州文献丛刊出版座谈会上见到《林损集》的编校者陈镇波先生，才知道林损的子女均生活在温州，遂萌采访之意。陈先生建议我采访三女守瑜，说林损尤其喜欢这个女儿，曾带她一同去北京、陕西任教。请陈先生征得林女士同意后，我即与她电话联系，但拖至第二年才登门拜访。时林女士住在儿子冯仰光家。

林守瑜女士出生于一九二三年，当年已八十七高龄，身体健朗，讲起往事思路清晰。后来我又列了提问提纲，留下一只录音笔，请其子女帮忙录音。林女士就其所知分段讲述，约计两个小时，多是她亲历亲见亲闻。去年六月，这段录音因电脑损坏差点丢失，我急出一身冷汗，幸好请高手修复电脑才找回文件。不能再拖了，最近我逼着自己，将录音整理成文字。稿成后请林守瑜女士过目，又补充了若干内容。

我的父亲林损

硬命钉儿

我的父亲是早产儿，出生当天，生母就去世了。第二天，我曾外祖父过来说，女儿没有了，大人的命换小孩的命，把小孩好好养大。可大家都说我父亲克母，是"硬命钉儿"，不待见他。

---

* 本文于二〇一二年十一月二十二日据林守瑜口述改定，于《温故》第二十六集，广西师范大学出版社二〇一三年七月版。

没奶吃，也没人抱，哭得很厉害。父亲的二舅陈介石就让三妹来领养他。所以，父亲的三姨就是他的养母。她嫁到郑家，不到一年就守寡了。但是，郑家婆婆不同意儿媳领养外甥，她就跪下哀求婆婆。最后，她婆婆说，你要养他也可以，但我们郑家不认他是郑家子孙。

就这样，父亲的三姨成了我的奶奶。奶奶养我父亲养得很辛苦。没有奶吃，就煮粥饮（烧粥时溢出的汤，很薄很薄的粥，旧时认为富有营养）喂他喝。那时候都是大床，我父亲在床上爬来爬去。奶奶抱他的时候，都跪在床上抱。

奶奶读过书，还教我父亲念书识字。

三位舅舅

我的父亲有三位舅舅。

大舅陈燃石，早逝。他的大儿子是陈怀。二舅陈介石对他的影响最大。说起我的父亲，别人都晓得他是陈介石的外甥，是陈介石把他带出来的。我的祖父是陈介石的学生，他把妹妹许给我祖父做妻子。陈介石办家塾，我父亲就跟着他学了。陈介石到广州办学，招我父亲去读书；到上海办杂志、北京教书，也把我父亲带在身边。父亲小时候还有一位私塾老师叫程石仙，他也当过我的先生；所以程先生碰到我就说，你父亲是我的学生，你也是我的学生。

三舅陈醉石待我父亲也很好。奶奶从郑家出来，搬到娘家住，生活窘迫，织布、刺绣以添补家用。那时候我父亲还没有学会走路，坐在纺车边。他三舅经常在楼上书房读《诗经》，父亲在楼下听。听着听着，学着同样的腔调念了起来，这令陈醉石很高兴，感慨林家有读书种子，还取来枣子作为奖励。后来我父亲上私塾，不管晴天还是下雨，都是他三舅接送。陈醉石病逝，我父亲作了篇祭文，主持葬礼的人嫌长，他就自己跪着念，边哭边读，读了个把小时。

当过小学教师

父亲参加过童子试，但屡考不中，闷闷不乐。才五岁的表妹黄喜姑安慰他：秀才算什么呢，不能当饭吃，不能当衣穿，考不中就考不中呗。黄喜姑第二年因痘疮夭折。这事记在我父亲写的黄喜姑圹志铭上。

父亲后来是大学教授，但他还当过小学教师。十五岁到平阳乡村学堂当童子师。二十岁的时候，陈怀介绍他到乐清柳市高等小学任教，教过英语、算学等课。

虚岁二十二岁时，父亲和我母亲结婚。母亲那年十九岁，小父亲三岁。结婚第二天，家里来了贼，把我母亲的首饰等贵重物品偷去了。为了能抓到贼，家人还去关帝庙"画马脚"。为什么"画马脚"能抓贼，我也不懂。但据说后来"马脚"被人解了，应该是没有抓到贼。

一人赚钱养好几家人

父亲很恋亲戚。

有好吃的东西,不会一个人吃,都分给大家一起吃。自己的孩子就不用讲了,还要把住在前庭后院的亲戚都招呼来,各分一点。

我奶奶的两个干女儿出嫁,我父亲从北京邮寄来毛毯、瓷器给她们当嫁妆。

有次有个江西的学生回老家,问我父亲需要代购些什么土特产。我父亲说:帮我买十套茶具吧,一套茶具一个茶盘四个茶杯,我送给亲戚用。

三舅陈醉石去世时,两个儿子启光、启文尚年幼,后来是我父亲把他们带到北京,资助他们读书。陈启光很会花钱,有次打电话来又要钱,我父亲说,手头没有这么多现钱,迟点可以不?陈启光摔下电话,我父亲知道他生气了。写信给我奶奶时,让她不要和三舅妈讲这个事,否则三舅妈会不开心。这封信我看到过。

三舅陈醉石不仅对我父亲很疼爱,而且我母亲生大哥时得了怪病,胡言乱语,不能行走,是陈醉石医好了她的病,所以我父亲很感恩,以此作为回报。

我的表姨父蒋育平后来也搬来和我奶奶住在一块,生活上都是我父亲照顾。

我父亲是一个人赚钱养好几家人,很辛苦,常入不敷出。

心很软

不单单关照亲戚,父亲对其他人也很有爱心。

有位朋友到家里向他借钱。我父亲请他吃饭喝酒,开导他要节俭,还借钱给他。后来,我们要回老家,这位朋友到车站送别,临走跪下来向我父亲道谢。

路上碰到乞丐,父亲都会掏出钱给他们。如果乞丐是老头、老太太,还会多给一点。

有一次,我们坐黄包车,碰到一个小乞丐,非常可怜。我父亲身上没有零钱,向车夫借了零钱给这个小乞丐。

对学生更是当自己人看待。有位四川姓叶的学生家境贫寒,我父亲就请他誊抄书稿,付以工资,以此资助。徐英、敖世英常来我家,就像走亲戚一样。

别看我父亲脾气不好,其实心很软,见不得人家落泪。家里有个工人,办砸事情,我父亲发了脾气,并扣了他工钱。过几天,那工人哭哭啼啼找我父亲,说家里如何如何揭不开锅,我父亲就心软了,不但补了工钱,还多给了些零钱。

教我读书送我字

我两岁的时候,父亲就带我出门了。他两次在北京大学任教以及后来在西北农林专科学校教书时,我都在他身边,因此我认识那些来过我们家的刘师培、黄侃、辛树帜等教授。

在北京的时候,我因为站在大门口看表兄弟骑自行车,被父亲发现,说姑娘家不能这样站在门口,不成体统,责备了我一通;还买了本《教女遗规》让我读,逐字逐句教我念了第一篇班昭的《女诫》。后来让我自己读,不认识字再问他。

我认字不多,只跟程石仙先生学过一段时间。在陕西时,当地要办一个女子学校。我让我父亲给我报名。我父亲写信告诉我奶奶这件事,奶奶回信说,听说去女子学校读书要剪辫子,问有没有剪了辫子。为了让奶奶放心,父亲带我去照相馆拍了张梳着辫子的照片寄给奶奶。遗憾的是,这个女子学校没有办成。

我十五岁生日时,父亲给我写过一幅字,但嫌写得不好,丢到纸篓里,我偷偷捡回来,珍藏至今。这幅字是用隶书写的,上书:

从游曾阅路三千,堕地今方十五年。
末学也知怜弱弟,犯颜偏诩得真传。
挺身捍寇关性情,侍疾调糜废食眠。
归里又勤蚕织务,春深花发各欣然。

守瑜生日感书　铎叟

遭遇西安事变

父亲从北京大学辞职后,一九三六年八月,经于右任推荐,往陕西西北农林专科学校任教。这个学校在武功,比较偏僻,商业欠发达。我们常去西安买东西。

那年年底,我们到西安置办年货,却碰到西安事变。东北军的官兵到旅馆搜查,从我父亲的行李中翻出"中央大学"的校徽,被官兵误认为是中央政府派来的奸细因而遭到扣押。我父亲再三解释自己是教书的却也无济于事。我父亲说,西安碑林有位负责人马文弼是我的老朋友,你们可以问问他我的底细。但那当兵的说,你既然认识马先生,你就打电话给他。可我父亲和马先生长久没有联系,不知道他的电话。场面一直僵着。快到傍晚时,来了一位军官,见到我父亲就叫"林先生"。原来这位军官曾在东北大学读书,是我父亲的学生。这样,他们才放了我们一家。

注重仪表

父亲很注重仪表,平时穿戴整齐笔直,大热天从不光膀子,有客人来,还要把卷着的袖子放下。鞋子从来不拖着,睡觉醒来下床就要穿好鞋。

他很爱惜自己的胡须,常对着镜子打理,并念叨:"身体发肤,受之父母,不敢毁伤,孝之始也。"

父亲常教导我们吃有吃相,坐有坐相。坐,双脚平放,不能跷二郎腿;吃饭,不能捧着碗,筷子要拿直;走路,脚跟要落地,不可跐起脚;书拿在手上,不可折,更不能用笔在书上画;书放桌上,要放平。

他的书房很整齐。笔墨纸砚,各就各位。每次写好字,都会马上整理好笔架、墨海。这些书房物品，可惜"文革"的时候都被抄走了。他的书橱，后来我妹妹捐献给瑞安市图书馆了。

父亲喜欢买书。在北京，最爱逛琉璃厂。离开北京时，装了七大箱书运回家。

喜欢喝酒

父亲生活方面很节俭，唯一嗜好就是喝酒。经济拮据，喝劣质酒。他的同事劝他，你不要命了呀，喝这么差的酒。只有回到老家，才喝上我奶奶酿的好酒。

有一次吃饭，他和我说起一个关于喝酒的笑话。有位穷书生，没有钱买酒喝，就吃酒糟饼，吃得脸红彤彤。人家知道他嗜酒且穷，戏问他今天吃酒了没有，吃了几杯。穷书生回答，吃了两个。酒哪有论个的？一看就是吃不起酒，只好吃酒糟饼了。穷书生说漏了嘴。我父亲讲这个故事的意思大概是，我虽然也是穷书生，但能买得起酒，不至于差得吃酒糟饼。

他喜欢吃鱼，不喜欢吃鸡鸭，白鱼、黄鱼、带鱼都喜欢。下酒菜，一般都是花生米或者炒黄豆。

看戏也流泪

父亲喜欢看戏。有次，他带我去看戏，我见他拿出手帕擦眼泪。那时候，我还小，不懂戏的内容，就问他为什么哭。他说这出戏是讲王十朋在外地当官,夫人去世了,赶回老家祭祀。王十朋很悲伤,所以他看得动情了。还有次看《钗头凤》,演陆游和唐婉的故事,他也看哭了。

父亲会唱京剧,偶尔也哼哼《空城计》,声音很好,唱得也很好。在南京的时候,他的同事吴梅教授也喜欢看戏,他们经常一起去看戏。吴梅夫妇到我家做客,来了兴致,就会唱上一段。吴梅唱旦角,他夫人唱净角。

临终之言

父亲一九四〇年八月去世,只活了五十岁。他平时生病了,不愿意去医院,不信西医,只吃中药。最后一次,病了三个月,病情日渐加重。去世那天,上午还很清醒,读书声音洪亮,下午身体发热,渐渐迷糊了。医生来后说是患了肺炎,太迟了,没救了。

临终前,他和我们子女讲起,幸好没有死在外地,否则无人送终,连搬丧的人也没有。

我父亲的姨丈黄公起在奉化翔鹤关任税务员,宁波一带盐民暴动时,其被误认为是盐务局长而惨遭杀害。我父亲赴宁波亲扶黄公起的灵柩回乡。

黄公起去世的第二年,陈怀卒于北京。论辈分,陈怀和我父亲同辈,是我父亲的表兄;但他教过我父亲读书,我父亲认他是老师。听到这个消息,我父亲非常悲痛。陈怀的儿子陈谥个子小，脚有毛病，所以也是我父亲帮着办丧事。陈谥行动不便，一路上，我父亲照顾他坐车、乘船，直到瑞安。

父亲一生搬丧过两次，所以他这么说。

父亲最不放心几个女儿的婚事，他一一交代后又对我奶奶说，我走了，你就当我出远门了吧。

想起次恺

二〇一八年恰逢丰子恺、朱自清、郑振铎三名家均诞辰一百二十周年，但最受关注的莫过于丰子恺了，香港、杭州、北京、桐乡、温州等地相继举办不同主题的纪念画展，观者甚众。这与丰子恺作品的传播程度及其雅俗共赏的特色不无关系。在众口一词说着丰子恺种种的赞誉声中，脑海里忽然闪现二十世纪三十年代末一位画风酷似丰子恺的画家——次恺。虽然他的作品曾风靡一时，连丰子恺初见时都曾"疑为自己所作"，但目前除了陈星、白杰明等丰子恺研究专家的笔下略有提及外，早已不为人所知。

一热，一冷；一位风光，一位寂寥，令人感慨。

次恺漫画

次恺崭露头角是在一九三九年。那年三四月间，至少有谢颂羔、柯灵、陶亢德、徐调孚等四位朋友给在桂林的丰子恺写信，

---

* 本文写于二〇一九年三月五日，收录于《瓯风》第十七集，文汇出版社二〇一九年五月版。

向他介绍次恺的画。丰子恺的《教师日记》记录了相关情况。

三月二日。"得谢颂羔兄来信，言上海《申报》常刊漫画，不仅署名'次恺'，其画与字皆酷似我，甚于慧和。不知此人是否吾徒。得信甚喜。摹我画者，以前不乏其人，惟吾徒鲍慧和最得吾心，今此君似吾甚于慧和，则吾画派中又得一有力分子，殊可喜也。"

三月四日。"得上海《文汇报》高柯灵信。赠《边鼓集》一册，索稿。并言上海《申报》时有署名'次恺'者投画稿，字画均酷肖吾笔。特剪一幅见寄。吾初见画，亦疑为自己所作。难得此君如此恪摹，复以歉怀署名'次'恺。不知是何许人。他日有缘，当图一见。"

四月二十五日。"得陶亢德信，附寄稿费十三元。又剪《中美日报》之《次恺自白》一节见示。始知次恺君乃一青年，受《护生画集》感化而学吾画者。"

四月二十八日。"调孚兄又附关于次恺之剪报。友人关念，千里剪寄，至可感谢。"

检索《申报》数据库及影印本，发现一九三九年前后署名次恺的漫画作品有如下一些：《请君入瓮》《捷讯随年至，军运似岁新》《七年前的老疤》《题近视眼：磨拳顿觉蜻蜓弱，掌血淋漓始见钉》《冬天的卫生》《你有橡皮条，我有丝线卷。我的拉深长，你的就要断》《福相》《冷天的游戏》《儿童节记事》《将来的大树》《伙计也该注意孩子们一下》《不卫生》《小妹妹投稿》《军旅闻捷音，开往前方去。回视旧防篱，远在深山处》《山多宜久战,地阔耐长征。胜利谁能得,昭同白日明》《老丈携孙儿,步向营前憩。痛陈沦陷悲,感激且流涕》《马上戎装女,仙姿美似花。若非打胜战,切勿早还家》《暂别家乡去,将随胜利来》《马路上的茶摊》《求衣乎,求食乎》等二十幅。

此后,《申报》似无再登载次恺漫画。

同时期,还有一些报刊刊发过次恺漫画,如陶亢德寄给丰子恺的那份《中美日报》上,仅一九三九年上半年就有《痰中全细菌,痰干细菌飞。随风送入鼻,为害不轻微》《时行日光浴,胜食鱼肝油》《砂眼乃小粒,增多损目明。公巾勿入目,手指勿摩睛》《修剪毕,任教耳中扒,鼓膜凌伤还不计,毛球顶上菌如麻,老海亦堪嗟——调寄望江南》《米壳含"生素",能防"脚气"生。谁云吃白米,惜物岂虚名》。再如《战时中学生》

次恺漫画《春庭偶遇邻家仆》　　　　次恺漫画《福相》

刊有《战时中学生的责任》《校门口看见的父子》《春庭偶过邻家仆，漂泊流离念故乡》《不惜时间久，何妨战线长。中华胜利日，整队返家乡》。

据目前的材料来看，最早发表次恺漫画的则是胡山源办的《红茶》，一九三八年刊有《道同志异》《女孩最怕是剃头》，一九三九年刊有《人比黄花瘦》《穷人的天空》。

次恺漫画与丰子恺的创作风格有多接近，一看便可知，毋庸多费口舌。不仅题材与线条相似，而且画外之音异曲同工。丰子恺漫画为人喜闻乐见，因此引来诸多学习者、效仿者，陈星在《丰子恺漫画研究》罗列了华君武、毕克官、鲍慧和、次恺、史锋、胡治均、丰一吟、庄因、陈一金等人。其中，鲍慧和三十年

次恺漫画《伙计也该注意孩子们一下》

代初拜丰子恺为师，并在丰子恺指导下进入上海美专接受专业训练。一九三五年起，鲍慧和漫画作品陆续发表在《太白》《宇宙风》《时事新报》等报刊上，丰子恺曾说"其画之似吾笔，乃出于自然，非普通模仿皮毛之可比"。但自见了次恺漫画后，丰子恺好像更为欣赏，在《漫画概说》一讲指出："吾国今日亦盛行漫画，亦皆西洋punch之漫画，惟赵望云有中国风，次恺学吾笔意颇得真似。能充实是内容，则不难养成'中国'漫画家也。"

次恺是谁

一九三九年三月二十四日，《文汇报》刊出了丰子恺给柯灵的回信，其中提到"《申报》有画署'次恺'者，弟亦闻之，但未识其人"。（此信见于《丰子恺全集》，落款二月二十八日，如是回复三月四日日记所提之信，疑为农历一月二十八、公历三月十八日）

当事人的回复，给"次恺是谁"的话题起了推波助澜的作用。

一九三九年三月三十一日，有一位署名一鸣的知情者在《中美日报》第八版率先透露了次恺的底细，这则消息没有标题，是"文艺报道"题下的一则——"丰子恺近致函沪友，道及关于最近《申报·自由谈》画署具名'次恺'者，丰氏自言未识其人。按次恺君原名李毓镛，系浙江永嘉人，现年二十五岁，浙江省立温中毕业，现肄业于上海东吴大学。此君生平，寡言笑，嗜吟咏，不好修饰，布褂朴素，有'子恺'风，除研究理科及儿童教育外，著有《叶》一书，参述关于植物学'叶'的构造甚详。并喜写作漫画，笔法与子恺酷肖，因以'次恺'自名，其作品常可散见上海《申报》《学校新闻》《红茶》《大众青年》《小朋友》诸刊"。

次恺见之，写了篇回应文章《次恺自白》，刊于四月二日《中美日报》："三月三十一日见一鸣先生对鄙人之介绍甚感，其中有数处略有出入，因为更正。按，鄙人为瑞安人，生于一九一九年十二月，现年十九岁。十余岁时见《申报》载子恺公《护生漫画》，因戒食鸡鸭牛肉之类，并致力习公画，乃以'次恺'自名。作品初在商务之《儿童世界》发表，有《谈谈鸟类》（一九三四）、《蜗牛》、《猫》等十余篇，最近并为《战时中学生》写《生物讲座》及民众教育之杂文，所著除《叶》外，尚有《小公民诗画》一集，所归入《好朋友丛书》第二种。"陶亢德寄给丰子恺的剪报正是这则短文。

一九三九年四月，浙江省战时作者协会编辑出版的《作者通讯》第二期刊发了一段署名鲁明，题为《无题》的补白介绍了次恺其人，但其文显然是抄录一鸣的文章，且没有根据《次恺自白》改正。一九八七年，上海社科院潘颂德在翻阅《作者通讯》时发现这篇报道，转录刊登在当年第四期《杭州师范学院学报》上。陈星《丰子恺漫画研究》及《丰子恺全集》在考证次恺其人时均采信此份材料，亦均未依《次恺自白》作修订。

另外，一九三九年五月十五日出版的《浙江战时教育文化》上，也以《丰子恺与次恺》为题转载了一鸣的文章。

关于次恺是谁，一鸣的文章及《次恺自白》浅尝而止，刊发在一九三九年七月十六日第十期《宇宙风》（乙刊）上的《子恺与次恺》则相对解渴。作者余柳也是一位不到二十岁的大学生，敬仰丰子恺漫画，爱屋及乌，看到报刊上发表的次恺漫画亦甚喜欢，并偶尔相识。在余柳眼中，次恺是一个"和平、慈爱、勤苦、好学，有很高艺术天才的青年人"，不善谈话，"衣饰俭朴，有点不修边幅，但保持着可亲的态度，使我觉得他有前途，有成为'子恺第二'的资格"。次恺和余柳曾谈起学画经过：十一二岁时，他的叔叔李禹功还在中学读书，听闻子恺漫画盛行，便到温州买了一本《子恺漫画》。他拿来过翻看，印象深刻。过了一二年，《申报》刊登《护生画集》，受影响戒食鸡鸭鱼之类。后来，父母称赞丰子恺的画，他才决定临摹，字画并进。初中毕业时已学得相当像了。到了一九三七、三八年间，在假期作画送人，正式署名次恺。"其意有三：（一）'次恺'者'次'于子'恺'先生也。（二）'次'字英文为TS起首，二字缩写仍为TK。（三）'次恺'之'次'字可写成与子恺先生英文缩写式相似也。"次恺深信自己与丰子恺有缘，丰子恺因读师范而得成就，丰师范毕业之年即他之生年，而且"子恺先生之先生姓李（弘一法师），子恺先生之学生有姓李（次恺姓李名毓镛），根据'门德雷业夫周期律'，很有理由：李→丰→李，并可推知我还会有一学生亦姓丰"。尽管如此，次恺说丝毫未有"吃丰子恺饭"的念头，"乃觉次恺二字实不敢当，而画渐有与先生不像之趋势"，所以案头摆着丰子恺的画与弘一法师的字，随时观摩。余柳希望有一天次恺与丰子恺能见面。"如果次恺要跪下拜子恺为师的话,亦不妨让子恺亲自当面答礼。"

丰子恺的一封信

丰子恺在日记上透露了"他日有缘,当图一见"次恺的愿望,然据丰一吟回忆,他们并未谋面。但据李毓镛在《科学趣味》杂志开设的专栏"生物故事",可知他们是有书信往来的。这封信从一九四一年第四卷第一期起至一九四一年第五卷第六期,一直作为该专栏的题图,似未见人提及,《丰子恺全集》亦失收。信不长,但因压了"生物故事"四字,故有数字不易辨认,姑录如下:

毓镛仁弟:
　　贺片及一月十二信皆收到,□日随校迁,只得俟之将来也。"生物故事"用"美术故事"人名,甚好。余后述,顺询近佳。

三月三日,子恺顿首。

"生物故事"专栏开篇有编者按语,可与此信印证。

告新读者:
　　主角柳逢春是县立中学秋季一年级的学生。她的父亲、舅父和小学里的美术教师都是素养很深的美术家。生长在这样优美的环境里，她对于美术就大感兴趣。在中学里和美术女教师秦先生很亲近，增长了不少的知识。可是又（有）一次因为顽皮的男同学在墙上画了大鼻头训育主任的像，训育主任错怪了秦先生，两人就有了嫌隙。这里就是学期修了的情形，以前的故事非常有趣，要知详情，请读丰子恺先生的《少年美术故事》，开明版。

"生物故事"专栏持续了一年，共十二篇，不仅借用了《少年美术故事》中主角的名字，而且延续了丰子恺的写作手法。

李毓镛生平

检索一九四〇年之后的报刊，似乎难寻次恺漫画的踪迹，印证了次恺没有"吃丰子恺饭"的念头。正如余柳文中所谈："我敬佩次恺先生者，为其克苦勤习乃为艺术。艺术不是生意，不是商业，自然也不能以市侩眼光看他。如果他是市侩，子恺先生也是市侩，那末他们两人应当视如恶人；但事实上他是纯洁的艺术青年，子恺先生是高尚的艺术家（同时其灵性修养亦极深）；只有在艺坛上，高低呼应，前后牵连。"

尽管如此，对于次恺如昙花一现，终究没有成为"子恺第二"，还是令人纳闷。或许回到次恺本尊李毓镛的生平，会有所理解。

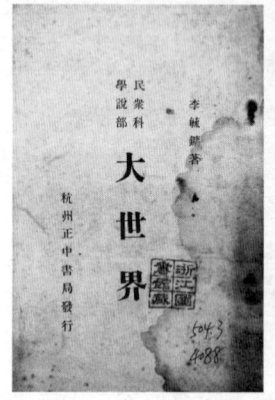

部分李毓镛译著图书书影

李毓镛出身瑞安书香门第。祖父李芑，字叔诚，善诗文、精医术，曾任浙江省议会议员，著有《澹庐诗钞》《东瓯本草》等。父亲李翘，字孟楚，曾任中山大学、安徽大学、河南大学教授，著有《屈宋方言考》《老子古注》等。李孟楚晚年曾对王超六谈起，毓镛之画署名次恺，在辈分上言是犯上的，丰子恺是他二舅父洪彦远在杭州两级师范学任教时的学生。李毓镛提到的叔叔李禹功名羽，是李芑四子，毕业于上海美专，乃刘海粟弟子，抗战期间参加过瑞安青年抗日救国服务团，创作漫画宣传抗日救国。

李毓镛少年时就表现优异，一九三二年瑞安举办高小毕业生会考，得甲等第一名。黄鸿森《感念三位启蒙恩师》一文提到他与李毓镛同就读于瑞安西南小学，说李毓镛从小就识得许多草木虫鱼，教会了他认识含羞草、蒲公英、文竹等植物，是他至今仍然敬佩的同窗。当时瑞安县长孙熙鼎是科甲出身，所以在县里举办全县高小毕业生会考，考试科目有国语、算术、历史、地理、自然等。结果李毓镛列榜首，黄鸿森中甲等第四名。校长非常高兴，奖李毓镛一个银楼定制、刻了字的银盾，奖黄鸿森一套茶具。

小学毕业后，李毓镛为瑞安县初级中学录取，后来升入温州中学读高中。一九三四年春，李毓镛与徐贤议等三十六人加入了温州中学高中部组织的自然科学研究会。该会办有《自然科学》杂志，在当年三月出版的第二期上有李毓镛撰写的《本校乡土博物馆自然标志目录》。这比《次恺自白》提到的在《儿童世界》上刊登的《谈谈鸟类》要早半年，可能是李毓镛最早发表的文章。一九三五年，李毓镛在《儿童科学杂志》第二卷第一期发表《蝙蝠》。在温州中学学生自治会编辑、一九三六年一月十五日出版的《明天》第六期上，也找到李毓镛的两篇文章《蜘蛛》《蚯蚓》。那期编辑是马骅，他在《编辑后记》点评："李毓镛君的两篇科学小品，虽然没有达到能解说社会现象或暗示社会的黑影的地步，但是也还不至于看了使人讨厌。"一九三七年，李毓镛成为另一本学生会刊物《新路》的编辑委员，并在该杂志第二期发表了《水里的植物》《动物杂话》两文。

一九三八年秋，李毓镛从温州中学毕业，考入东吴大学，专业是生物学。从这时期开始到一九四九年，李毓镛的各类科普文章四处开花，在《申报》《科学画报》《战时中学生》《科学趣味》《科学大众》《青年界》《宇宙风》《文心》《知识与趣味》《家庭年刊》《医文》《健康家庭》《中华健康杂志》《中学生活》《求真杂志》《田家》《世界文化》《前线日报》《新闻报》等报刊上，谈植物、动物、生物、教育、健康等方面的知识，许多文章还都是他自己配图。

李毓镛涉猎颇广，不仅绘画有专长，科学方面知识丰富，而且还关注香烟画片收藏及当时的儿童报刊出版等，撰写有《谭十余年来的香烟画片》《半年来上海之儿童杂志》《谈谈学校刊物》这样的文章。对乡土文化非常热情，先后发表在《申报》《戏曲月刊》上的《在淘汰中的乱弹戏》《温州乱弹之记载》两文，后来均收录到《浙江戏曲史料汇编》，引发探讨。李子敏在《瓯剧史》一书中认为李毓镛所云"乱弹乃为温州土产之曲"并不成立，缺乏佐证，"'源'与'流'切不可想当然而简单从事"。

李毓镛还曾为王孝通《票据法精义》做过书籍设计，一九三九年八月该书由王孝通律师会计师事务所出版发行时，《申报》上的广告特别注明"次恺装帧"，由此可以想见当时他画名之盛。

李毓镛的专著，目前可找到三种。一是《大世界》，杭州正中书局一九三九年八月初版。是书以小说格式，将自然界一切普通事物之理加以穿插，供普通人士及民众学校师生参考。二是《叶》，山城书店一九四〇年一月一日初版。从书的落款可知，一九三六年十月他尚在温州中学读书时就已写成初稿，一九三七年五月修订，一九三八年八月再修订于上海。书中插图均乃李毓镛自绘。三是《维他命》，开明书店一九四九年四月初版，一九五〇年四月再版。《次恺自白》所提《小公民诗画》，似只刊登在《好朋友》杂志内，未单独出版。

怪人

胡山源是最早发现李毓镛绘画才能的编辑之一，一九七四年十一月曾写过一篇回忆李毓镛的文章。正是胡山源的文章，挖掘了另一个李毓镛。

胡文说，李毓镛是"怪人"，生活习惯和一般人不太一样。例如，似乎从来不梳头、洗澡，"囚首丧面"的模样；自己做饭，不淘米，怕损失"维他命"；喜欢和他人争辩；不想结婚。但他知道李毓镛多才多艺，对他"另眼看待"，力所能及帮他发表画作。"他的本行是生物，不能不承认他有真知灼见，我有许多植物知识都是从他那里听来的。"李毓镛一时生活无着，胡就请他到集英小学任教。可师生并不了解李毓镛的才气，更不理解其个性，李毓镛没有能教下去，也就不教了。

胡文还说，李毓镛曾译过一本《与原子打交道》，由他介绍到世界书局出版。但笔者查了许久，各大图书馆数据库和旧书网都没有找到《与原子打交道》这本书，只发现有本差不多书名的《跟原子打交道》，译者非李毓镛，而是李书导，出版社亦非世

开着窗户的那间，是次恺住过的房间（陆勇摄）

界书局，而是开明书店。

李书导是否就是李毓镛呢？汪家熔《商务印书馆的老档案及其出版品》一文为了证明商务档案制度的严密，几十年如一日坚持执行，曾举李书导为例。该文说，李书导一九四一年开始要求商务出版他写的《植物形态学大纲》，因为水平不够被编辑部拒绝，后来改书名"植物生理学大纲""植物生理学纲目"，改署名李毓镛、李元龙，也被婉拒。一九五〇年八月二十五日，李书导便在上海《文汇报》刊登广告，指责商务印书馆出版的《世界通史》《有机化学》两书错误百出。两天后，商务印书馆也在《文汇报》刊登反驳文章，依据一九四一年以来的十年来往书信和相关档案，罗列李氏与商务之纠缠，其中不乏"此怨此仇，志在必报"之类的威胁，指出为此事出资刊登广告，非善意批评。《世界通史》作者周谷城亦撰文反驳，云所有批评都是批评者连原文都未读懂所致。

汪文并未明确李书导与李毓镛的关系。找来这两份《文汇报》一看，《商务印书馆声明》开头就有一句："李书导有时署名李毓镛，有时又叫李元龙……"李书导即李毓镛无疑。除汪文所举之外，声明还提到，一九五〇年四月十日，他们收到了人民法院的传票，李书导因为商务不出版他的那本植物学书稿，在法院起诉，但开庭那天，他自己没有出席。法院明白缘由后，打消了案件。

原来李毓镛还有这么一"怪"。这又让我联想起《申报》一九四一年一月十日的一则寻人启事，标题醒目，"李毓镛（次恺）侄览"，"汝现寓何处，希速告知"云云，落款王李叡聪。虽然不知道其中发生了什么，但似乎又是李毓镛的一"怪"。

李毓镛如此执着于一部书稿的出版，或许有为生存计之苦衷。胡山源说过，《跟原子打交道》出版，"所得稿费够他吃上许多时"。

当年《维他命》出版时，李毓镛曾送给研究医学史的朋友范行准，题云："我在十年前曾想步行准兄的后尘，做一点学术的工作，但走了一程就走不下去了，眼看到行准兄为巫医一事就写了几十万字的魄力，不禁叹为人间的奇迹。一九四九年七月三日于李氏制稿实验工场。""实验工场"为"制稿"而非他的生物研究，几多无奈。

李毓镛以李书导之名曾在《中华教育界》《科学画报》发表文章，又有以下署名李书导专著：《李森科的"生物科学现状"精义》，中华书局一九五〇年八月初版；《植物形态学大纲》一稿后改名《植物形态学要览》，开明书店一九五二年四月初版；译作《跟原子打交道》，开明书店一九五三年三月第一版，中国青年出版社一九五三年九月第二版，中国青年出版社一九五四年五月第三版。

胡山源的回忆文章说，李毓镛一直住在集英小学内。"他的寝室是一个二楼到三楼的拐角处，一天到晚关闭着，谁也没有见过其内容。"

据说，李毓镛七十年代故于上海愚园路集英小学的这套房子里，年份不详。

附记：

本文又刊于《澎湃新闻·艺术评论》二〇一九年五月二十八日，编辑改题为《丰子恺初见曾"疑为自己所作"的次恺漫画》。沪上陆勇先生自小住在愚园路同安邨，少年时代见过次恺。他读了拙文后，特走访老邻居，撰文刊于《澎湃新闻·艺术评论》二〇一九年六月八日，编辑取题为《漫画家次恺的同安邨旧事：孤寂沉沦，曾访傅雷》，作为回音。

陆文首先介绍了胡山源的生平，云"次恺很感激胡山源，曾到集英小学拜访他。胡山源已当不惑，次恺视为前辈兄长，而次恺虽方弱冠，但胡山源深觉其才华横溢，欣赏有加，故怜之如弟"。一九四七年左右，次恺居无定所，生活落魄。胡山源得知，再次邀请他到集英小学做教员。从此，次恺一直在集英小学工作，在学校二楼楼梯转弯一间不到十平方米的小房间里住了二十五年。学校里的同事和学生都叫次恺朱先生。在上海方言里，朱与次发音相近。

在陆先生印象中，次恺"个子不高，还有点偏矮，开始谢顶，戴着半新不旧的黑边眼镜，头发如蒿，衣冠十分俭朴，似乎不修边幅，只有厚厚的嘴唇上淡淡的八字胡，修剪得一丝不苟"。次恺一直单身，也没有什么亲戚朋友来找他。次恺显得孤傲，与同事和邻居并不怎么来往，"微微一揖，算是招呼，并不多语"。"他自命知识分子，对周围凡夫俗子不屑一顾，走在弄堂里，眼光笔直往前，神情俨然，睥睨一切。""除了上课，平时几乎都缩在自己房间里，门是一年四季都闭着，暗暗的，谁也不清楚他做什么。"

陆文说,次恺曾和开木器行的同乡陈先生提及去拜访过傅雷。和次恺接近最多的,是胡山源的夫人。次恺叫她姐姐。胡夫人是票友,闲时喜欢在窗边唱一段,次恺是唯一观众。"兴致来时也会哼几句,但不成腔调,或打几下小锣,也不到点。"曾有一位叫三珠的校工,见次恺无人照顾,帮他洗衣物、收拾房间,但她一走,次恺照例是门一关,继续活在自己的世界。

次恺喜欢喝点小酒。"通常,他是一个人喝闷酒,天热时,坐在树下,他会揭开上面几粒纽子,撸撸头颈,靠在椅背上,享受习习凉风,望着满天星斗,嘴里含混不清地念着诗词歌赋,似乎若有所思,似乎自我逍遥,颇有魏晋之风。"后来,胡山源调走当教授去了,同乡陈先生被送到农场改造,三珠嫁了他人。"从此,次恺彻底孤寂一人,课也很少,后来干脆不上课了,终日以酒为伴,足不出户。"

陆文称,次恺约在一九七一年去世,五十二岁。"三珠代表学校来收拾他的遗物,房间里一张床,床底两个木箱,里面都是书。一个小衣柜和一张桌子。"次恺墙上挂着胡山源一九五八年离开上海时赠送的对联:"千里锦园寻旧梦;百花开处即家乡。"三珠拿走了,现在不知还在人间否。

二〇二一年二月二十日

寻找史美钧

读了陈青生先生发表在《澎湃新闻·上海书评》上的《远去的身影：关于作家史美钧》一文，我才认识史美钧。陈先生根据史美钧的著作，推测他的故乡"应在永嘉即今温州地区西部或丽水地区西南部接近福建的某处"，我更是闻所未闻。如果史美钧是温州人，那对他研究的缺失是温州现代文学史上一个遗憾，因为此前当地有关研究从未提及这位民国作家。

从陈青生先生的文章来看，史美钧与温州深有交集是无疑的。而且，我去温州市图书馆查阅史美钧的著作，发现其中《鱼跃集》标签上写有"史美钧先生惠赠"字样。陈文转发到微信朋友圈后，《温州老照片》执行主编黄瑞庚先生即找出他多年前在妙果寺市场买到的一张老照片，上书"史美钧老师暨师母离温赴沪临别纪念，三十二年四月一日"。

史美钧到底是不是温州人，他又在温州哪里工作生活过，以

---

* 本文写于二〇一九年十月十五日，发表于《澎湃新闻·上海书评》二〇一九年十一月二日。

及陈青生先生文章所留下的未解之谜,引发了我寻找史美钧踪迹的兴趣。

一

我从搜索史美钧的著作开启此次寻找之旅。

史美钧《衍华集》附《本书著者重要著作简目》,按体裁分类列为:"《稚意集》,童话,新中国书局,二三年上海;《纡轸集》,散文,正中书局,三一年丽水;《衍华集》,散文,现代社,三七年杭州;《晦涩集》,小说,新中国书局,二四年上海;《披荆集》,小说,正中书局,三〇年丽水;《错采集》,小说,现代社,三七年杭州;《短檠集》,论评,中国杂志公司,二八年上海;《鱼跃集》,论评,正中书局,三一年丽水"。

这八本书,我先是读到了六本,只《稚意集》《短檠集》尚未找到,《民国时期总书目》《民国时期文献联合书目》也无见著录。

《晦涩集》,网上有电子版,能在线阅读。新中国书局民国二十四年(一九三五)九月刊行,扉页上书"谨将此书献给君玫追寻新婚的踪迹,并纪念我的母亲、妹妹及残破的自己",内收《降》《燥》《蚀》《零》《仿》《廉》《庸》《移》《越》《患》《流》《芫》十二篇,标题都是一个字,连目录也写成《引》,有特色。其中《芫》是一组诗歌,并非小说。最后有篇

《韵》，类似作者后记，云"这一集，遭受过焚毁遗失的危运，拼凑重作而成。大约有不少缺陷，只能任其自然。也许有人批判感伤氛太浓厚了，然而我热烈追记同类"。

《披荆集》，温州市图书馆有藏，网上亦有电子版。封面标杭州正中书局发行，版权页未注出版社，只印"中华民国三十年十二月出版"，每册定价一元三角，与上述《本书著者重要著作简目》略有区别，应是抗战期间杭州正中书局先后迁到金华、丽水、云和出版之故。内收《朝阳》《黯云》《燎原》《雨季》《突围》《短兵》《易简》《南北》《秋获》《泡沫》《呼吸》《异域》《回旋》《论证》《蝉翼》《摇落》《胶结》《蜗步》十八篇，标题经营为两字，基本标注了写作时间。书末有《题记》，介绍"本集虽包含六年短篇，但凭手边的临时拼集，删除一部分外，勉强所获，浅薄异常，堆砌粗率的缺点，大概著者颠沛遭遇使然"。

《鱼跃集》，温州市图书馆有藏。杭州正中书局民国三十一年（一九四二）四月出版发行。扉页印有"浙江省教育厅审定，初中国文补充读物"字样，分为"诗歌方法论""小说方法论""日记方法论"三部分。"诗歌方法论"由《诗歌是甚么》《分成简单的种类》等八篇文章组成，"小说方法论"由《小说为甚么发达》《如何描写人物》等七篇文章组成，"日记方法论"由《装饰呢还是实用》《纠正记载的错误》等九篇文章组成。最后有篇《鱼跃集总跋》曰："近代文学蓬勃灿烂，占有极广泛的领域，显成普遍现象，可是并没有一本是能供给初中程度阅读的手册，本书即根据提供切要知识而产生。"

《纤轸集》，查到重庆图书馆、南京图书馆有藏，费四百元从重庆图书馆复制了一本。也是杭州正中书局民国三十一年四月出版发行。内分"篱下掇拾""夕阳漫步""兽爪纵横""粲英缤纷"四辑，收录《断弦》《榴火》《行程》《山中》等四十三篇文章，其《后记》云："这一集散文整理删削仍不免零乱而稚弱，岂仅战时随笔特显其拙劣！不过尚有大部原稿迭经散秩，遗存上海的想又尽化劫灰，那么残缺地留下虫蚀的痕迹，殊属赧愧而极怕回顾！何故如此草率地忽促印行？著者原冀为丧失同情的人生缀饰一些冰雪，而未来呢？更仿佛尽有无数酸辛与愁苦等待着。"此书还有七幅木刻版画插图，乃洪焕椿所绘。洪是温州瑞安人，孙诒让的外孙，在温州中学就读时参加木刻研究社，与王里仁、樊祖鼎合作出版《前哨木刻集》。此书出版时，应是在洪焕椿中学毕业后进入浙江省立图书馆工作不久。

《错采集》，网上有电子版。现代社民国三十七年（一九四八）三月刊行。前有一帧作者二十四岁时在上海所摄照片及《有赠》歌谱，内收《女儿的憧憬》《寒蝉曲》《斯人憔悴》《豆萁吟》《穷城记》《里程之忆》《晚宴》《樊笼》《丝袜》《万世长夜》十篇小说。其中《穷城记》以温州为背景，写了一个名叫鲍洪元商人的故事。小说开头描写主人公"打牌，喝酒，没有甚么别的去处，逗留永嘉规模最富的公园饭店里业经有几天。这天傍晚，他洗过了澡，横卧床上看些日报，并无游艺节目可供欣赏，起来吩咐茶役购买西瓜，独自大嚼，远眺窗外夕阳

史美钧老师暨师母离温赴沪临别纪念 三十二年四月一日

一九四三年四月,史美钧离温赴沪,与瓯海中学学生合影留念(黄瑞庚藏)

下的行人，装束与气派全和上海仿佛，欢悦地在寻觅各人的趣味……他婉恋对门那有趣的中山公园，迅即触动游兴，穿起淡灰派力斯长衫，戴上巴拿马草帽，一摆一摆地越过了马路"。公园饭店就是张爱玲来寻胡兰成时下榻之所，这与洪焕椿为《纤参集》插图一起印证了史美钧与温州有关系。

《衍华集》，网上有电子版。现代社民国三十七年七月刊行。分上下两卷，上卷收《自剖》《伤逝》《锢》《寂寞》等十四篇文章，下卷为《记徐志摩》《记王独清》等十篇评论。《前辞》介绍"本集的编排，颇有免强淆杂之嫌，原为散文及批评各一集，因付印不易，故而各删除五分之二，并成简编。例如上卷所剔去的是近二十篇游记，下卷文长不录的是《中国新诗概观》《中国译诗概观》等，舍弃全部附注，削足之苦，以何似之？何况上卷写作期系三年前，下卷却全为战前应文学杂志之约所作，如臧的泥土的歌、卞的十年诗草已难论列，更显窳薄遗珠之感，而我相信启笔的整肃，仍无二致"。

除此八本之外，陈青生先生文章提到一本《怎样习作文艺》，中国图书杂志公司民国二十九年（一九四〇）三月印行，上海图书馆、广东中山图书馆有藏，我没有见到原书，但据介绍此书"以青少年为对象，分别论述诗歌、小说、日记的定义、取材、描写等问题"，显然与《鱼跃集》是同一内容。我还从旧书网买到一本《文艺习作初步》，现代知识刊行社民国二十八年（一九三九）二月印行，与《鱼跃集》内容也相同。不过多了《前言》，说"引用的例证（不加人名的系拙作），都是活泼、新颖，而意味深长，切合现实生活"。这是值得注意的。还有篇查猛济序，也是《鱼跃集》所无。查序称赞"这本书的特色，就是能用浅显的文笔来介绍文学上必需的常识和理论，初中学生得到了这书的帮助，可以省看许多像《文学概论》《文章作法》《文艺思潮》《文艺批评》……这类的书；就是有兴趣再进一步而研究这类的名著，也可从这册书得到一条平坦的路径"。扉页上"初中国文基本的补充读物，一般学生实验的参考资料"两行字与《鱼跃集》略有区别，最后《附言》与《鱼跃集总跋》亦有不同之处。按出版时间来看，这三本书的底本应是《文艺习作初

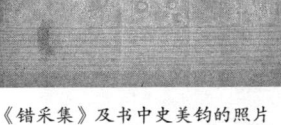

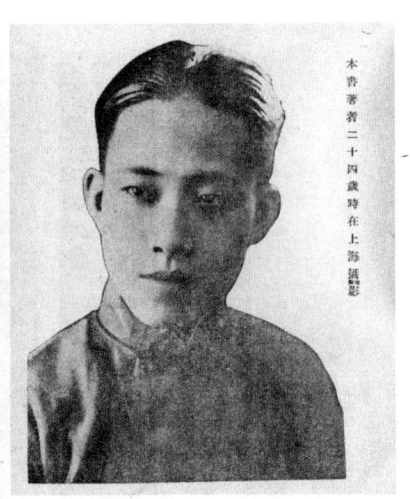

《错采集》及书中史美钧的照片

步》。无独有偶。乐清作家陈适的《中学生作文正误》《作文三步》《青年作文读者》，也是同一内容换了三个书名在万叶书店出版了三次。

另外，我查到史美钧还有一本《世界某种事件》，中国人民大学图书馆、浙江图书馆有藏，网上可读到部分章节。新中国书局民国二十三年（一九三四）十月印行，扉页印有"少年文学，童话集"，内收《珍珠与杉树》《铜片马》《一个奇特的生物》《红菊的朋友》等二十四篇文章，以其中一篇篇名作为书名。其《前引》云："也许自己的生活过于不幸，少年时起，常有着惨

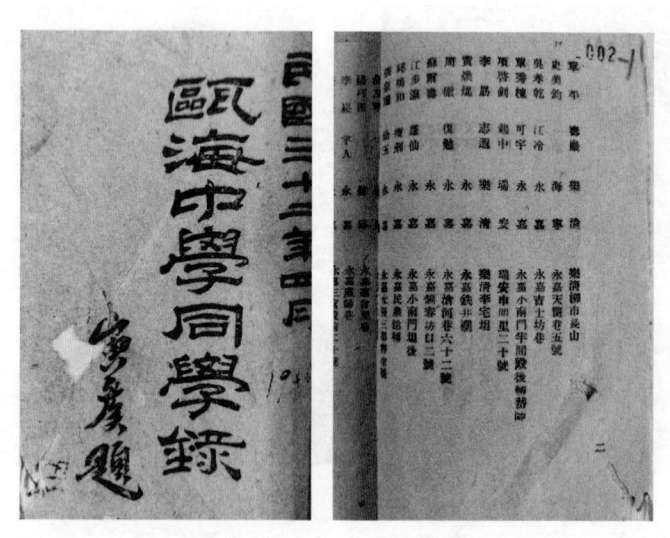

《民国三十二年四月瓯海中学同学录》上有史美钧的名字（温州市档案馆藏）

痛的怀想，因之，这里所表现的，全是血和泪。对读者不会无一些意义吧？仅微薄一卷，竟积压了多年——遭际困蹇，恰如我的生命，茫茫牵头，且留个小小的纪念。"这使我想起史美钧在《衍华集》提到了《稚意集》一些信息："此时惊悸寡欢之情，流溢字里行间，最先出版的拙著《稚意集》前引有言：'少年时起，常有着惨痛的怀想'即为明证。""民国二十三年十月，拙著儿童文学结集《稚意集》经过艰苦历程而问世，亦为新中国版，至今看来，这第一本出版物，我似乎还不认为拙劣，为了我曾精审下笔之故。"从《前引》内容及出版时间看，《世界某种事件》即《稚意集》。《稚意集》出版时可能并没有用《稚意

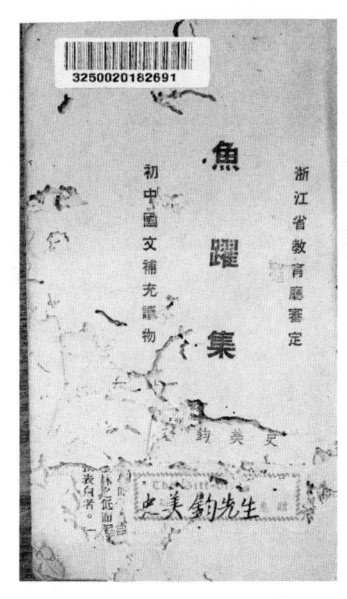

史美钧赠送给籀园图书馆（今温州市图书馆）的《鱼跃集》

集》这个书名，而是改用了《世界某种事件》。至于《衍华集》所附《本书著者重要著作简目》用了《稚意集》，或是为了编排统一美观，均三字书名，或是史美钧心之所向而已。

如此不厌其烦罗列一番，史美钧已出版著作有十一本，忽略书名的话，实际只八种，按我的推断，已找到了七种，《短檠集》尚不清内容。

《青年界》一九三五年第八卷第三号所刊《北新书局新书月报》第四号有篇《最近文坛一瞥》，其中一段提到"史美钧作有《现代中国诗歌小史》已交商务印刷，列为百科小丛书之一"。但查几家大图书馆馆藏目录及《商务印书馆图书目录

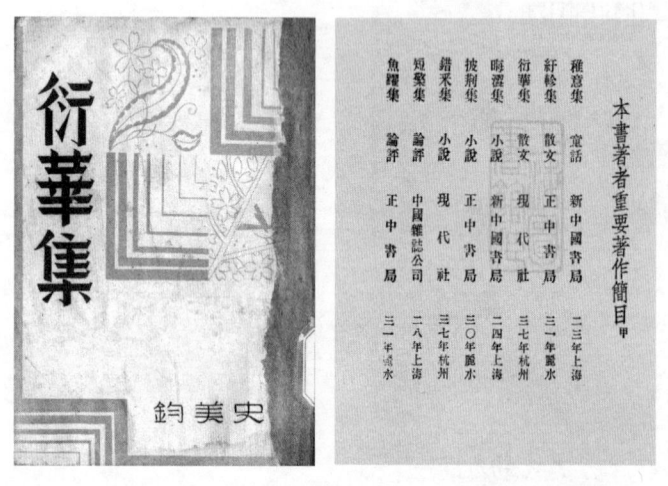

《衍华集》及刊于其上的《本书著者重要著作简目》（祝淳翔提供）

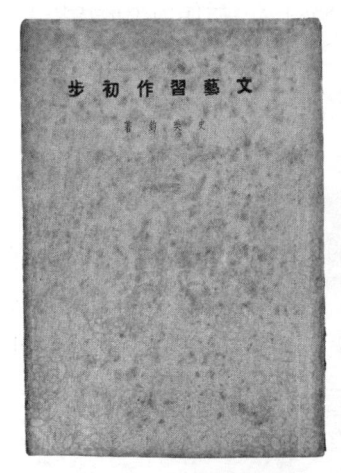

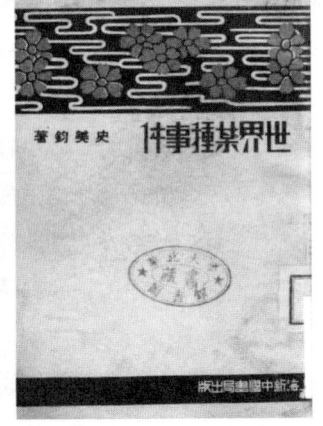

部分史美钧著作书影

(一八九七——一九四九)》均无著录，大概是没有印成。《记徐志摩》等文章可能属于这本书稿内容，后作为《衍华集》下卷部分。

二

陈青生先生的文章对史美钧的集外文着墨不多，我觉得有必要一并介绍。

史美钧曾在《写作琐语》一文回顾写作历程："我在中学里读的是商业，大学时代学过教育、文学，这并不是我意志变迁，实受环境影响所致，因之，我的写作范围，甚为广泛、揉杂，同时，应用笔名过多，读者仍多陌生的感觉。距今二十多年前，我已开始练习创作，最初所著童话与小说，发表在商务的《儿童世界》《少年杂志》《妇女杂志》。民国十五、十六年，我最喜欢翻译短篇英文故事，此时草稿虽夥，可刊出者仅占十分之一二。直至十八年春，我开始对新诗强烈爱好，举凡近十年来的新诗集收罗近二百余种，除教育门功课外，废食忘寝地研究诗歌，初期作品，颇染上西洋格律诗派的影响，附录在后来新中国书局出版的小说《晦涩集》里。"《自剖》一文又说过："关于写作，显有演进突兀迹象，如十三岁抒写病猴之死达四千字，次年所作散文《初夏的消亡》，共七节七万字，十七岁著长诗《鹃花山崖》亦有一七一行之多，记叙文《海宁的妇女》竟近万言，致中学时代以'大块文章'称谓，而我的收获并不因数量而成功，未始非我后来崇尚简练之源。"这不仅为我们提供了搜寻方向，而且所提到几文均未收录到上述八种书里。

《文艺习作初步》引用的文章也多是史美钧自己的作品，我翻阅了下，已备注篇名的有诗歌《战鼓》《牧歌》《双影》《蝶呵请你飞去》《人类的一群》《我们》《细雨》，小说《苍白的窗前月》《另一种境遇》《小小之间》《这样威武的归来》《父亲》《一束樱花》《陋巷》，日记《阿国终于灭亡了》《华北走私问题》《饥馑饥馑湖北的饥馑》《茫然脱离了匪窟》《拒毒宣传提灯大会》等等。除《小小之间》《这样威武的归来》两文分别收于《世界某种事件》《纤轸集》外，其余皆集外篇目。

在有关数据库检索史美钧，再与他已出版的著作核对，不难查到以下集外文。

小说：《石型之泪》（《妇女杂志》一九二八年第十四卷第五期）、《姊姊给他的伤惨》（《妇女杂志》一九二八年第十四卷第六期）、《正似香烟缭绕中》（《妇女杂志》一九二八年第十五卷第二期）、《最现实的一个女人与一个男人》（《中华职业学校职业市市刊》一九三五年十二月第四期）；

诗歌：《三个朋友》（《儿童世界》一九三五年第三十四卷第三期）、《我已有了这样高》（《儿童世界》一九三五年第三十四卷第四期）、《柳》（《儿童世界》一九三五年第三十四卷第十期）、《变》（《儿童世界》一九三五年第三十四卷第十二期）、《夜夜曲》（《中华职业学校职业市市刊》一九三五年十二月第四期）；

评论：《浙江教育简史》（《浙江政治》一九四〇年第九期）、《三民主义教育导论》（《浙江教育》一九四〇年第二卷第九期）、《建设新闻教育刍议》（《浙江教育》一九四〇年第二卷第十期）、《中国学生的使命》（《浙江教育》一九四〇年第二卷第十期）、《转型期间图书馆事业》（《浙江教育》一九四〇年第三卷第一期）、《中国固有教学精神述评》（《浙江教育》一九四〇年第三卷第五期）、《文章解剖与文艺研究》（《浙江教育》一九四〇年第二卷第十一期）、《戏剧教育之昨日今日与明日》（《闽政月刊》一九四一年第九卷第六期）、《现代中国译诗概观》（《胜流》一九四八年第七卷第八期）；

译文：《没有太阳的世界》（《世界文学》一九三五年第一卷第四期）。

目前可知史美钧有个笔名叫高穆，据此查到这么些诗文——

诗歌：《无题》（《文友》一九四五年第五卷第二期）、《无题》（《文友》一九四五年第五卷第三期）、《夏天的梦》（《小学生》一九四六年第一卷第十三期）、《牧歌》（《小学生》一九四六年第一卷第十四期）、《失败和成功》（《小学生》一九四六年第二卷第五期）、《周璇》（《电影春秋》一九四八年第一期）、《陈燕燕》（《电影春秋》一九四八年第一期）、《白光》（《影视》一九四八年第一卷第三期）、《路明》（《影视》一九四八年第一卷第四期）；

散文：《倦旅掠影录》（《紫罗兰》一九四四年第十三期）、《马来半岛的沙盖民族》（《大众》一九四四年第二十四期)、《叁伍之恋》(《现代周报》一九四五年第三卷第一期、第二期)、《浮生续命录》(《大学生》一九四五年第一卷第一期)、《平凡的惆怅》(《香雪海》一九四九年第一卷第二期、第三期、第四期);

评论:《战时教育的岐路》(《文友》一九四四年第三卷第九期)、《中国农村经济阴暗面》(《文友》一九四四年第三卷第十一期)、《妇女职业问题新论》(《文友》一九四四年第四卷第三期)、《孔子哲学与中国文化》(《政治月刊》一九四五年第九卷第四期)、《近二十年中国新诗概观》(《大学生》一九四五年第一卷第二期)。

史美钧也用过史高穆这个名字发表文章,如《前程》(《文友》一九四四年第三卷第七期)、《农业金融演进之蠡测》(《银行周刊》一九四四年第二十八卷第四十一至四十四期合刊)。

在核对时发现,史美钧的文章收录到集子出版时,有不少改动了标题,正文也有调整。如《穷城记》原为《旧雨他乡》、《泡沫》原题为《泡泡》、《依稀双影》原题为《依稀留着动荡的双影》、《里程之忆》原题为《前程》、《万世长夜》原题为《乱世男女》等等。《记徐志摩》《记王独清》一组原题都为《徐志摩论》之类。《变》《柳》《三个朋友》三诗除以原名发表在《儿童世界》外,又以高穆笔名发表于《小学生》。

史美钧说过"应用笔名过多",我想从检索文章倒推出笔名,可惜无甚收获。

三

史美钧写了这么多文章，出了好几本书，但他并不是一位成功的作家。

尽管史美钧家境富裕，让他有折腾写作的"资本"；尽管史美钧自幼体弱，多愁善感，"病态"的身心，使他具备了当作家的"素质"。史美钧借徐志摩《自剖》之名自剖："白喉、伤寒、鼠疫、肺痨等紧急传染病，都曾掊击我孱弱体质。""人生的意义及价值极早闪击脑神经，足有一段时间，我无法解答而迷茫。""最初受中国思潮与尼采、叔本华、丘浅次郎等学说的影响，空洞的梦幻支持我的思维，同时，环境日趋恶劣，柏格森的生命进化论却并未使人服膺！种种失望不容缅想一切，厌世唯心论否定我的前途"，"意绪消沉，步履维艰"。"少年恋情横遭摧折，孤独无依之际，心境更全为虚无占据。""年华陶醉既成绝望，未届二十岁已多颓废迟暮之叹，转而精心灌注于研究写作，中学大学至从业，迄未间断。"

然而，一九二八年到一九四九年二十来年间，从目前检索到的最早和最后发表文章的时间来看，几乎没有什么评论家关注他的文学创作。周瘦鹃在当期《紫罗兰》编辑按语提到《倦旅掠影录》"是不平凡的佳作"，不过客套话罢了。张若谷于一九四〇年出版的《十五年写作经验》虽然注意到了《怎样习作文艺》一书，却是借此提高自己的经验值。

反而史美钧那十篇关于徐志摩、王独清、朱湘、陈梦家、卞之琳等诗人的评论，逐渐受到重视，自二十世纪八十年代以来，被何镇邦、郭娅妮等研究者提及，陈青生、潘颂德分别在《年轮：四十年代后半期的上海文学》《中国现代新诗理论批评史》两书中作专题讨论，并收入《中国新文艺大系：1937—1949评论集》及相关诗人研究资料集。

四

史美钧终归是"老实"的作家。他的作品没有长篇大论、宏大叙事，多为描写亲身经历、所见所闻，记录了抗战期间上海、浙江一带小知识分子的状态，是很好的研究战时社会生活的史料。从这点而言，倒是有些价值。史美钧的作品带有强烈的自传色彩，其生平基本可以从他的作品中寻到踪迹。

史美钧是浙江海宁人，并非陈青生先生猜想的温州、金华一带的人。我开始也以为史美钧的老家是在平阳、苍南、泰顺这些接近福建的地方，但后来读了他的文章，就觉得自己判断失误了。史美钧《纤蓁集》收录的文章多是写他在八一三事变之后逃离上海一路向南的生活，首站是回到他的故乡。"故乡岁月，惟有颓败与伤感，樑燕犹昨，人事全非！这高楼，那庭院，何处无我童年的踪迹？到处蔓衍生活的烙痕。""虽然仅沪杭线上的小市镇，敌于大场惨败后，同样的糜集大轰炸。等父亲乘最后一班火车归来，随即决定我们由海宁过江。"（《行程》）《妇女杂志》一九二八年第十四卷第二号"征求"栏中刊有史美钧征求过期杂志的广告,所附地址"硖石迪秀桥南"可能就是史府所在。

史美钧出身于殷实之家,父亲在外经商,曾提到小时候就有一架中华书局凤凰牌中型风琴,这在当时非普通人家可以消费。(《伤逝》)

史美钧至少有两位妹妹。一位是二妹,比他小两岁,小时候曾因不让二妹玩弄风琴起过争吵,后来二妹夭折了。(《伤逝》)还有一位妹妹,不知比二妹大还是小。一九三六年秋结婚,嫁给任。妹夫应是松江人,先在大理石厂办事,后远走汉口谋生,因得肺结核回乡开了弥罗照相馆,兵荒马乱中病亡。(《断弦》)

史美钧没有进过蒙馆。幼年入学,伯叔们赠送文房四宝用品外,并送给他几本光绪年间商务印书馆出版的初等小学历史教科书、光明书局版国民读本等,"只记得教师完全承袭前清余绪,凶猛严厉,各科都要背,数年宝贵的光阴,却养成卑儒的没个性的心情,至今回想,真机械得半点乐趣也没有"。后来,他家迁到都市居住,"升入较完美的高等小学",读的科目有公民、历史、地理、英语、自然、卫生等。(《启蒙教育杂录》)

一九二二年,史美钧考上中学,读商业。毕业后,被上海持志大学录取。《申报》一九二八年八月三十一日刊登过《持志大学暨附属中学录取新生案》,内有史美钧为该校第二次招考录取的大学部文科国学系试读生。持志大学由何志桢创办于一九二四年,校址在上海江湾路体育会西路。"整整六载男女隔阂的中学肄业，当时对于那些刚截了发长袖短裙的女学生印象甚为依稀。""大学里度过两个寂寞年头，徒然博得书呆子称谓。"第五个学期开始的时候，史美钧遇到了他的初恋。（《锢》）

大学毕业后，一九三三年间，史美钧曾想在商务印书馆谋一职位，托同乡吴其昌引荐，但未成。《张元济全集》第二卷收当年八月三日张元济复吴其昌函，内云："承介绍之史美钧君，已转致馆中主者。据称编译部份职员已无空额，一时又无增揽人才之机会，属为婉达歉意。"吴其昌曾就读于无锡国专、清华大学国学院，先后受业于唐文治、王国维、梁启超等名师，毕业后在南开大学、清华大学、武汉大学等处任教，一九四四年英年早逝。

据《晦涩集》扉页题词，史美钧与玫当在一九三五年左右结婚。新婚蜜月在杭州度过。（《泡沫》）

一九三五年至一九三六年间，史美钧担任过上海新中国书局总编辑。《中华职业学校职业市市刊》一九三五年十二月第四期刊发史美钧诗文时，附有简介："史先生现任新中国书店总编辑，著作甚富，有诗集《晦涩集》等，最近在编'常识文库'，本月间有著作在商务出版。"新中国书店应为新中国书局。创办人为计志中，三十年初期出版过叶圣陶、施蛰存、巴金、靳以、丁玲、柯灵等人的作品。史美钧的《晦涩集》《世界某种事件》两书也在该书局出版。

一九三六年四月十七日上海《社会日报》刊发《史美钧不知"狐骚"》，报道史美钧在沪期间混迹舞厅之小道消息。"曾刊行《晦涩集》《往返集》等之文坛新人史美钧氏，早几年活跃一时，至今已许久不知他的踪迹，日昨友朋间说起，原来他去年结婚以后，生活严肃得多了，后来便至南京某机关办事去了。""听说史美钧的新作《问玫集》《延伫集》将刊行了，在此略寓纪念之思，祝你努力吧，别再吟哦'黄金逐手快意尽，昨日破产今朝贫'。"云云。此文披露了史美钧的结婚时间，曾在南京工作过一段时日，几本书名不同于正式出版的作品集。

一九三七年七七事变时，史美钧尚居上海虹口。八一三事变后，家人催归。八月二十七日回籍，坐火车到松江，因道路被毁，乘大帆船转道嘉兴返乡。（《断弦》）到海宁后溯富春江而上，经富阳到场口。（《行程》）这样一路向浙南方向逃难，其《倦旅掠影录》详细记载了七八年间的漂泊生活："最初在永康、方岩一带，随后即迁居丽水"，"嗣后战事转趋急剧，我后撤至距丽水四十里号称浙东四大镇之一的碧湖"。一九四二年夏，史美钧隐居丽水县属大凉山畔过了数月，转赴永嘉。"滞留数月后，因重要的事务，不得已，约伴择期返里"。据黄瑞庚先生提供的照片，离温时间应在一九四三年四月后。其间，一九四〇年十一月，曾从金华往江西作短暂旅行。（《浮生续命录》）

《倦旅掠影录》一文最后几段对温州当时市容、经济、风土等描写，信息颇多，很有价值，此不赘述。那么史美钧在温短短几月，是在哪个学校任教？当时温州有温州中学、永嘉中学、瓯海中学、瓯北中学、浙东战时初中、建华中学等学校，只有逐一排查。我到温州图书馆、市档案馆数次查阅相关学校档案及校刊、通讯录，终于在市档案馆发现《民国三十二年四月瓯海中学同学录》上有史美钧的名字，籍贯一栏填海宁，住址或通讯处一栏登记为永嘉天窗巷五号。证实了我读史美钧著作时对他出生地的猜测。史美钧任教的瓯海中学即今温州第四中学。一九二五年五卅惨案发生后，各地掀起反帝运动，谷寅侯带头倡议脱离教会学校艺文学堂，收回教权，筹资建校成立瓯海公学，后改名瓯海中学。该校位于蛟翔巷，面朝九山湖，瓯江岸边、松台山脚都在不远处，风光旖旎。校门口有座八角亭，临湖而建，原是学校图书馆，别有风致。史美钧租住的天窗巷离学校也仅五六百米路程。我骑车上班几乎每天都经过校门口和天窗巷头，倍感亲切。

史美钧离开温州时，把"有教育专论十余篇，论文杂著两大辑，与一册实录战时生活的日记"交与张姓女学生保管，"谁知后来的音讯是：全部散佚"。（《伤逝》）

史美钧到上海后，应是在胡山源创办的集英小学工作过一段时间。

一九四四年冬，史美钧回到老家，在海宁县立中学任教，担任训育主任。这所学校一九一二年创办，一九三七年停办，一九四四年夏由钱祖吟恢复办学。《海宁文史资料》第五十一辑刊发的陆克昌《历史的赓续——记"海宁县立初级中学"在沈家浜复建》一文，有此线索。

据陈文转引陈光宽函，抗战胜利以后至一九四八年间，史美钧在杭州私立三在中学任教，并担任过校长。

以上就是我目前搜寻到的文献材料结合史美钧自述，拼凑成的史美钧足迹。有心人若进一步研读史美钧作品，应有更大的收获。

一九四九年后史美钧去了哪里，活着还是死了，仍没有线索。史美钧生于哪年，暂未确定。我到过温州第四中学档案室查找史美钧的材料，但只有当时学生花名册了，一九四九年之前的教师档案基本已佚。如果找到史美钧的登记表，那么他的生年、履历就可迎刃而解。对于史美钧生年，我基本同意陈青生先生的推断，在一九一〇年前后。出版于一九四一年的《披荆集》，《题记》中有句在浙东生活时"由青年而进入三十而立的中年"的话，也可以支持这一推断。

今天看来，史美钧岂止是"远去的身影"，他的身影早已消失。不仅是陈青生先生误认史美钧是一位女作家，还有陈学勇教授也将他置于《太太集》之列。史美钧的家乡大概也忘记这位地方人了，我检索海宁图书馆馆藏，无一史美钧条目。

走文学之路多难，何况是在那个群星璀璨的时代。

"失踪"的孔德

用今天流行的话来说,孔德真是"太难了",在互联网上检索"孔德",他已被淹没在数万条关于法国大哲孔德、北京孔德学校、孔子后裔孔德成等的检索条目里,想找到对称的信息,着实是抽丝剥茧的过程。

我说的孔德,是《外族音乐流传中国史》的作者,正因为这本书,今天还有人提起他。

此书系商务印书馆史地小丛书之一,一九三四年四月初版,分《序论》《凡例》《古代之夷乐》《北方诸国之乐》《西域诸国音乐》《西南诸国音乐》《东方诸国音乐》《余论》等篇章。其特色从《凡例》可见一斑:"本书注目于外族音乐何时入华,其影响于华乐何若?侧重于史之叙述及考订。""近人著作如童斐《中乐寻源》(商务出版)、王光祈《东西乐制之研究》(中华出版),童详于曲谱唱法,王藉西洋律学,理董中乐,于华乐因革,则未能明。此书则于曲律从略,史迹求详。"

---

* 本文写于二〇二〇年三月四日,发表于《随笔》二〇二一年第二期。

有人说这是我国第一部中外音乐文化交流史，孔培培编《中国音乐史习题集》就有一道选择题：我国第一部中外音乐文化交流史《外族音乐流传中国史》是谁写的。答案是孔德。而陈永《中国音乐史学之近代转型》认为："孔德著作对当今中国民族音乐（传统音乐、少数民族）的学术研究，有着非同寻常的学术理论和实践指导意义。"对于汉族以外的少数民族音乐历史的专题研究，在孔德之后，沉寂了六十多年，直到二十世纪后期才有专著出现。"鉴于此，重新认识和阐发孔德著作的学术贡献，意义自不待言。"

但孔德生平，一直是个谜，数部中国音乐史专著标注不详，仅知道孔德字肖云，浙江平阳人，此书是他就读于清华国学研究院时所撰。几乎没有一篇像样的文章系统介绍孔德，那么笔者就拼凑一个孔德的人生剪影吧！

求学清华国学院

平阳孔氏是孔子后裔十二派之一，始祖为孔子四十二世孙孔桧，唐末宋初从曲阜迁至此，繁衍生息已逾千年。但问平阳孔氏中人，并不知晓孔德其人，托人翻族谱也没有查到。刘绍宽是晚清民国平阳大儒，其日记起于一八八八年，至一九四二年止，洋洋大观一百八十多万字，对当时平阳贤达行迹多有提及，却无孔德片语。平阳，可能只是孔德的籍贯，他们家早已迁居外地。在温州中学这样百年名校的同学录里查不到孔德，似乎也说明他小时候并未在平阳或温州生活。

孔德的故事得从清华国学研究院讲起。

一九二五年,清华国学研究院开办,孔德是首批考取的研究生之一。《王国维未刊往来书信集》收录四通梁启超的信,其中一通评论新生入学试卷:"诸生成绩交到此间者已大略翻阅,内中颇有可观者,如高亨、赵邦彦、孔德、王庸,皆甚好。"夏晓虹编《清华同学与学术薪传》所附一九二七年《清华学校研究院同学录》吴令华藏本,乃依录取名次排序,可以看出孔德排第十名。

就读国学院期间,孔德受梁启超教诲颇多。一九二五年底,撰《汉短箫饶歌十八曲考释》(刊于一九二六年五月出版的《东方杂志》第二十三卷第九号)。文末附记:"此稿初成,承梁任公先生校阅,嘱以愈袪附会愈佳。箴言可感,书此志谢。"一九二六年夏,完成《外族音乐流传中国史》,《序论》提道:"自古外族音乐,贱视为夷,略不记载。今就诸史乐志,各家记录,考订纂集,明其变迁。梁先生《历史研究法》云:'史须注目于文化之继承及传播,其变迁及得失如何?'又云:'中国史之主的,说明中国民族所产文化,以何为基本,其与世界他部分文化,相互之影响何如?'余今作是篇,本师意也。"

据《清华国学研究院史话》,孔德入学时选定"说文之会意字"作研究课题,毕业论文题目为"外族音乐流传中国史""会意斠解""汉代鲜卑年表"。因成绩优异,毕业时获奖学金一百元,列乙级第七名。

清华国学院开办仅四年。孔德在校时，就有诸多停办的声音。为此，孔德撰写了《批评与攻击》《为研究院名义存废问题敬告全校教职员先生》两文，刊于《清华周刊》第二十五卷第二号、第四号，反对废除，建言改组。此中详情，可参见苏云峰相关研究。

迁居安徽乎？

一九二七年《清华学校研究院同学录》有一张孔德头像，这是目前查到的孔德最早两张照片之一，还有张刊登于一九二七年《光华年刊》上。不过，《光华年刊》上那张照片，孔德戴着眼镜。两张照片上的孔德，看起来清秀儒雅，那个时代知识分子风度翩翩的模样。

《清华学校研究院同学录》上的照片边有一行字："孔君德，字肖云，浙江平阳人，现年二十九岁。曾肄业东南大学，曾任圣约翰大学国文教员、桃坞中学国文主任，今任上海光华大学教授。"这段说明相当重要：一、透露了孔德的年龄，推算一下，按实岁他出生于一八九八年，按虚岁出生于一八九九年；二、清华国学院之前的大学履历基本清楚了；三、清华国学院毕业后，在圣约翰、桃坞两所学校任教的时间都很短，加起来才一年左右时间；四、一九二七年，已在上海光华大学。查《光华季刊》一九二六年第二卷第一期刊有孔德《唐元次山先生氏族考》。

这本同学录上,孔德通信处登记为"安庆法校街十六号"。联系《吴宓日记》出现孔德时夹注为"安徽"看,这可能是孔德出生成长的地方。吴宓毕竟是孔德的老师,说孔德为安徽人,或知底细。

安徽老诗人陈子言有一首《送孔肖云德归安徽教授》,一个"归"字就说明问题了。

此外,一九二九年十月十五日,安徽省政府教育厅编译处发行的《安徽教育》第一卷第一期,刊载有孔德《对于本省职业教育之改进意见》,这似乎又是一条证据。一九三三年元月二十四日,徐乃昌主编的《安徽丛书》开编审会,孔德与张燕昌、陈子言、洪泽丞、胡朴安等列席。这是一个关于地方文献整理的会议,孔德参与其中,传达了一种信号。一九三九年一月,又一本《安徽教育》创刊,开篇《告省外皖籍教育界人士书》下有《本刊特约撰述》,八十二人名单,按姓氏笔画排序,孔德排第一位,还有王仲和、方东美、徐中舒、章友三、谢循初、朱光潜、苏雪林等。检索这些人的籍贯,几乎都是安徽,是不是皖籍人士才有资格聘为特约撰述人员呢?

初入中大

"光华"之后的孔德,形迹开始变得碎片化了,不如在清华那般完整和清晰。

一九二八年十一月,创造社出版部在上海办了一份《日出》

旬刊，只出五期就停刊了。孔德在上面发表了五篇文章，第一篇《答林语堂先生的一封公开信》，回应了《语丝》上《给孔祥熙部长的一封公开信》。当时，林语堂对孔祥熙提出的保护孔林孔庙的提案予批评，孔德以"孔子后裔，未便避嫌不言"，驳斥林语堂之说。

《国民日报》一九二八年十二月十四日刊有一则短讯，标题为《中大改派孔德主试崇明检定》。消息说，中大本委任易视学负责崇明小学教员检定事宜，但易君另有事请，改派科员孔德主试。说明此时孔德已转任中山大学。

《申报》一九三一年四月一日报道《中山大学预科国文之新气象》："广州中山大学学生对于国文功课，素极轻视，前年朱家骅副校长特托伍叔傥教授负整顿预科国文之责，以企根本改善。伍氏延揽教员如李孟楚、段凌辰（河南中山大学教授）、陈漱石、闻野鹤（持志、大夏大学教授）、杜刚伯（武汉大学教授）、孔德、沙孟海、许杰、冯伊湄、谢中斐等，皆出版界知名人士。最近，伍氏复荐戴家祥教授为预科国文组主任，规划课程，选订课本，务使学生有发表阅读赏鉴能力为标准云。"

对此，许杰在口述自传《坎坷道路上的足迹》回忆："广州中山大学派人到上海来招聘教员。当时在大学里面教国文的还是遗老比较多，然而，白话文的影响正在逐日增强。所以中山大学预科的主任邝松龄想聘请一些用白话文写作的有成就的文学家去教国文。邝松龄派到上海来的孔德，原是清华大学研究院毕业的，他找到了清华研究院的几位校友，如前复旦大学历史系的陈守实（漱石）和现今华东师范大学历史系的戴家祥等人，不过他们都是研究古典文学的。孔德还想请一位现代文学的教员，原来是指名要请叶绍钧的，叶绍钧当时正在开明书店任编辑，不打算去广州，此时，蒋径三便向孔德推荐我去中山大学。"邝松龄即邝嵩龄，但伍叔傥是预科里的文科主任，与此事应更密切。另，伍是温州人，与孔德同乡。

据刘小云《学术风气与现代转型：中山大学人文学科述论（1926—1949）》介绍，孔德在中大担任过《国立第一中山大学语言历史学研究所周刊》编辑，并在一九二八年十一月二十一日出版的周刊第五卷第五十六期发表了《元氏氏族考》《唐元次山世系考》。

一九二七年至一九三二年期间，孔德除了在光华大学、中山大学任教外，还有在中央大学工作的经历。据一九三二年《国立中央大学商学院概况》，孔德在教职员名单内，任副教授。时中央大学商学院正处于独立为上海商学院的过程中，较为动荡，数月不息。有人在《晶报》一九三三年七月二十三日发表《商学院风潮内幕》，认为乃张素民、孔德从中鼓动。孔、张两人见之，立即致函《晶报》主事者余大雄、张丹斧，刊于《晶报》七月二十五日，云《申报》二十一日刊有代理院长武堉幹函件解释商学院真相，对破坏名誉之举，已聘请岑德彰等为法律顾问，保障法益。

但此时的孔德应已离开中央大学。

在安徽大学

一九三二年四月初，程演生出任安徽大学校长，招兵买马，想有一番作为。当年五月十六日《申报》刊载了一则安徽大学续聘教职员的消息，云"安徽大学已于五月二日正式开课，各院处长俱已聘定，详情业志本报……已聘定者有吕思勉（前沈阳高师、光华大学教授）、范寿康（中山大学哲学系主任兼秘书长）、蒋径三（商务印书馆哲学教育编辑）……孔肖云（约翰、光华、中山、中央等校教授）……"。

吕思勉任教安徽大学只两个月。他后来回忆："一九三二年，日人犯上海，光华延未开学者数月。其时光华欠薪甚多，予实难支持。适安徽大学开办，光华旧同事任职其中，该校介之来相延，言明决不欠薪……其欠薪亦与光华无异。"暑假后，吕思勉重返光华。

在安庆，吕思勉与孔德、吴镜天、正则三人同游长江边的迎江寺，并写了两首记游诗，题为《偕镜天肖云正则游迎江寺》："江外青山似有无，江头西去片帆孤。哀丝豪竹年年感，赢得浮生似梦徂（当筵有奏乐者）。谁遣南邦作茧丝，关津指点到今疑。江干竹木由来富，便向茅檐树绛旗。"

当时，受孔德之邀的还有许杰、蒋径三等人。许杰《坎坷道路上的足迹》记载，孔德受程演生指派来上海招聘教师的消息，是蒋径三告诉他的。因此，他从广州回到了上海。一起去安徽大学的还有范寿康、方光焘、周予同等人。"开明书店的章锡琛开玩笑说，这一批人是'徽帮'。""不过，安徽大学的同事们看待我们这些人，不是称作'徽帮'，而是叫'上海帮'了！"

安徽大学校史，没有记载孔德离校的时间。

一九三五年左右，孔德住在上海真如，与陈子言有往来。陈子言曾作《孔肖云携赠真如镇蜀人以糯粉所制桃片糕，片片薄如纸，无烦齿嚼，宜于老年，赋此奉谢》（刊于一九三五年八月五日《国闻周报》），记一段逸闻："蜀号胡桃片，吴称玉带糕。釜蒸还捣杵，刀薄等吹毛。小食唐时尚，余甘舌本韬。真如孔教授，携赠不辞劳。"

一九三七年，清华大学编了一本《清华同学录》。孔德填近况为"居家著述"，通讯处则填"上海霞飞路宝康里二十六号"，反映了那个阶段孔德的状态。

出走三台

我找到的下一个时间点在一九四四年，孔德任教于东北大学。东北大学校史中，载有一张孔德与陆侃如、冯沅君、董每戡、臧启芳以及国文系部分学生的合影，时间就在一九四四年。

此时的东北大学已内迁至四川三台。八月，孔德与丁山、高亨创办"草堂书院"，以便蜀中学子有继续深造的机会。九月，教育部认为书院之名不符现实体制，命改为"三台草堂国学专科学校"。《西京日报》九月二十五日转引中央社消息，云该校"由说文社主办，校董会二十三日成立，张溥泉任董事长，李宏锟任副董事长,孔德任校长"。书院选址潼川,是唐东川节度使驻在地,杜甫曾小住。取名"草堂",有纪念杜甫之意。公开在成都、三台招考高中毕业或同等学力的学生入学,陆侃如、冯沅君、姚雪垠、杨荣国、赵纪彬、董每戡等任课。一九四五年,孔德离任,蒙文通接任。一九四六年,东北大学迁回沈阳。国专失去教师队伍,迁到成都,后并入成华大学。

对于孔德的出走,三台地方史料多有记载。国专学生袁诲余回忆:"两考区共收一百余同学,陆续到齐,似应按步开学,孰料因创建人之一孔德教授,原属重庆一小团体'说文社'的成

孔德像(刊于一九二七年《光华年刊》)

《外族音乐流传中国史》书影

员（这个社团的靠山是国民党CC派。其领导人卫聚贤等后来多半去了台湾）。不知他搞的什么鬼名堂，突然鼓动了除三台籍外的近半数学生，跑到了离重庆不远的北碚，另办一个'学校'去了。（一九八三年，年逾八旬的宋鹭冰教授，在成都对我说：'孔德有政治背景，也有个人野心！那时如孔德不走，草堂书院不得安宁。'）"但另一篇何天度的回忆文章则说："一九四四年冬，东北大学和三台国专相继发生学潮，先后气走了东大校长臧启芳（住在教育部求援），赶走了东大教授兼国专校长孔德（带上一批师生去北碚办了勉仁国学院）。"还有一篇邓明昕所撰文章，亦持学潮说。如不是研究卫聚贤，还真不知什么说文社，不过该社办有《说文月刊》，倒是经常看到。勉仁国学专科学校多提到是梁漱溟创办，想不到还有孔德的参与。

这段经历，难得孔德留下了一篇文章——《缙云山下》，刊登在《国风月刊》一九四五年七月第一卷第四、五期合刊。该文开头提到"我自入川七载来，对于山城只是经过，并未作居留计划。二度入川，又到了川北的潼川，小住两载。去岁重踏进山城，住在复兴关上，正当扬子江入口处"。入川七载，可推断孔德大约于一九三八年离开上海到四川。潼川小住两载，即孔德在书院任职时间。"当时我想复兴草堂，同吉林高晋生兄筹商，在潼川创办草堂书院，以发扬东方文化，研读经籍为主。后经教育部认可，改名为草堂国学专科学校。一时川东、川西、川南、川北，来从游者甚众，地方上由羡慕到妒忌，由妒忌而谋攘夺。结果是魔高一尺，道高一丈。褪去了幺魔小鬼的游魂，发出万道金光。由潼川炳耀到北培金刚碑,都炼成金刚不坏之身了。"

此文富有激情,可见孔德心迹,不妨多抄几句:"草堂,杜工部自成都迁到潼川。我今由潼川,迁到北碚。杜公草堂,是他一身寄托的地方。我的草堂,可以说是抗战时代一个精神堡垒。我们要孕育无限的继往开来的力量,为万世开太平。""草堂,是继承黄帝子孙的血统,并保持着五千年的文化遗产,去蜕变成功一个世界性的文化。那我们在此,并非嘲弄风月,看了春花秋月,听了蝉鸣鸟噪,欣赏这个大自然环境了。缙云山霞草堂,是与日月同光的。"

检《顾颉刚日记》,有几处记孔德,略补此阶段孔德踪迹。一是一九四〇年五月十三日,成都,晚赴沈遵晦家宴,与孔德、觉玄、鸿庵、李鸿音、陈友生等同席。(一九四〇年三月,孔德与顾颉刚、吴其昌、吕思勉、周予同、刘节、蒙文通、丁山等

一九四四年,东北大学国文系毕业照,前排右起为霍玉德、孔德、冯沅君、臧启芳、金毓黻、佘雪曼、董每戡、金景芳(董苗提供)

曾在成都共同发起《史学季刊》）二是一九四五年四月二十二日，重庆，孔德与杜钢白做东，客三桌，汪旭处、熊十力、周谷城、卫聚贤夫妇、李长之等在。三是一九四五年四月二十三日，重庆，出席国学整理委员会，与孔德、陈可忠、叶溯中、卢冀野等同会；晚兼善餐厅吃饭，陈可忠、叶溯中、侯芸圻请客，与孔德、马叔平、汪旭初、卢冀野等同席。四是一九四五年四月二十四日，晤孔德。五是一九四六年一月九日，南京，中午到章友三家吃饭，孔德与梅汝璈、伍蠡甫、周谷城等在。

与王力之间的恩怨

抗战胜利，中山大学复员广州，王星拱接任校长，聘请了一批知名学者到校，如王力、刘节、杨树达、罗香林等，孔德也在内。一九四九年六月中山大学文学院教员名册显示，孔德于一九四六年四月到校。但这份名册填写孔德年龄有误，杨树达、吴三立、詹安泰等人年龄亦错。

这是孔德第二次任教于中山大学。

从上述内容已知，孔德乐于牵线搭桥，介绍多人到大学工作。此次王力到中大，竟也与孔德有关。张谷、王缉国合著《王力传》记录了孔德与王力间的这段纠葛。一九四六年五月，西南联大解散，各自迁回原址，王力准备随校回北平之际，接到孔德来信，希望王力在清华大学迁校复课的间隙，先到中山大学讲学两个月。王力念及与孔德在清华国学院同窗之谊，答应了孔德的邀请，并约吴达元同去。王力讲学期满，王星拱与孔德一道来找他，极力挽留。王星拱当场拿出中大文学院长聘书，孔德在一旁劝说，王力无法推辞，便应允暂留中大一段时间，写信辞去清华教职。但在随后的工作中，王力与孔德并不融洽。

据这本传记所云，孔德奉行的是市侩哲学，借王力的声望抬高自己，达到目的后，对王力的态度就发生变化，处处干预文学院的行政事务，目的就是要当上中文系主任。孔德为人霸道，连校长也怕他几分，是中大的实权派，有政客气质，与国民党政府中要人常有往来。一九四八年五六月间，孔德带了一笔钱去南京为图书馆添置图书，住了个把月，把钱用在应酬政府大员上。用光钱就写信给王力，要报销南京的一切费用。王力回信拒绝了孔德的要求。孔德恼羞成怒，扬言归广州后要痛打王力一顿。王力闻言，就在孔德返回广州之前，到香港避风头。孔德回来后，又到佛山住了几天。后来在清华老同学劝说下，孔德表示不找王力麻烦，事情才平息下来。在中大遇到诸多不愉快，王力不愿再待下去，去了岭南大学做文学院院长。

《王力传》作者之一乃王力之女，孔王恩怨应有一定的根据。《杨树达日记》一九四八年八月三十日云："王力一改任岭南大学文学院院长，邀余往任教；而孔肖云又力邀往中山大学。两君交恶，岭南又不许兼课，余极感困难，因两辞之。"但真相是否如这本传记所说，值得回味和进一步挖掘。

据中山大学校史记载，一九四七年二月，文科研究所归文学院后，分为中国文学研究所、历史学研究所，孔德担任文学所语言学部主任。后改任中文系主任,直至一九四九年。孔德在任上编有《大学国文选》,由中大中文系印行;其间,还有《唐元结年谱》刊于《国立中山大学文史集刊》。

经办吴宓广州讲学

孔德在中大经办吴宓到广州讲学、吴宓向孔德举荐陈寅恪两事,常见于吴宓、陈寅恪传记。通过《吴宓日记》,可见当日大致情况,以及一九四八年前后中大人事动荡。

一九四八年二月二十八日,孔德给在武汉大学的吴宓写了封信,邀请他到中大讲"文学原理""文学批评"五星期,奉旅资三千万元。西北大学校长马师儒二十一日函,也请吴宓到西安讲学。据吴宓三月四日日记,他本意是很想到广州走一趟的,"本思在粤港活动,为将来立足、避乱之地,尤欲赴港探望娴;故此聘乃意外良机",还听说王星拱礼贤下士,今日校长中少见。但他答应清华在先,犹豫不决。至三月六日,他终于决定"不赴北平,舍清华而讲学西北、中山矣"。

三月八日,吴宓接到孔德三月五日函,附上中山大学文学院特约教授聘书,并说已通过交通银行汇去旅费一千万元,意在催促吴宓到广州讲学。三月十日,王星拱正好到武汉大学,便登门拜访,并附一信表示感谢,吴宓答应五六月间去广州讲学五周。

三月十三日,吴宓复孔德二月二十八日、三月五日函,告知"愿于五月半至六月下旬之间至粤,并商询各见。附聘函及旅费一千万元之收据"。三月十七日，吴宓在接到王星拱电报后，再复孔德一函，"决往，由五月一日至六月十日"。

三月二十四日，孔德给吴宓写了两封信。吴宓于二十七日接到后即回复，"仍申前约"，并告知具体课时安排。

西北回来后，吴宓于五月六日晚坐火车到广州。抵达广州之初，吴宓即住在孔宅。他在日记上说，此次广州之行系有清华校友、中大工学院长陆凤书介绍、接洽，王力、孔德力促而成。吴宓在广州的饭食，也由孔德备办、招待。吴宓在广州除了上课，礼节性拜会了当地学者，在穗贤达闻讯也纷纷前来问候。

暑假中，陈可忠代理中山大学校长。七月十七日，吴宓接到陈可忠聘书，邀任文学院院长。七月二十一日，李沧萍、姚宝猷发来电报云："中大文学院虚左以待，属望至殷。……"七月十九日，孔德致函吴宓，"述中大近况，及各系新派主任"。但洪谦告知他，"中大为庸劣教授充塞，无法裁换"，若去会成傀儡。故吴宓于七月二十六日复陈可忠函，明确辞文学院院长、研究所所长、外文系教授之职，退还聘书，并推荐孔德主中文系。此后，孔德还给吴宓汇来薪水。十二月十四日，吴宓与洪谦共同署名致函孔德，鉴于人心、时局，时近寒假，"不克遵命前来"。

最终，吴宓落脚重庆。

那个时候，陈寅恪也在为何去何从做抉择。十一月八日，吴宓写信告知陈寅恪的助手程曦，"已函孔德举寅恪为中山教授，先送足旅费"。陆键东《陈寅恪的最后20年》说，"吴宓此举，并非随手拈来之作,而是别有深意"。但陈寅恪选择了充满新气象的岭南大学作为自己最后一站。

最后的身影

人事动荡的背后,其实是社会动荡。货币贬值,人心惶惶,社会秩序在政权更替前夕几近瘫痪。

一九四九年一月十三日,任教授福利会主席的孔德代表教授向当局提出调整待遇的要求。二月二日,教授会召开紧急会议,提出一次性透支三至七月薪水,配给员生实物,政府南迁不得征用校舍等要求。会后,孔德、丁颖等六人向教育部代部长陈雪屏陈情。四月二十三日,孔德、龙庆忠等人还向代总统李宗仁请愿,要求紧急拨款救济。

这是在中山大学校史里,孔德最后的身影。

熊十力的信函中,还有孔德最后的身影。

当时熊十力亦困居广州,住在学生黄艮庸的观海楼,徘徊在人生的十字路口。翟志成《熊十力在广州》说,一九四九年三月间教育部开始向流亡广州的各地教授发放薪金。熊十力便委托孔德代领一月至三月的流亡教授薪金五万元,但熊十力并不满足,又通过孔德向教育部代部长陈雪屏陈情,预支半年的薪金。事后又觉事情做过头,便修书徐复观并转呈陈雪屏:"薪资事,前只领到五万元,由孔肖云先生转艮庸。前几日艮庸云:肖云欲向雪屏商,为吾请其多作几个月扣齐,一下发下,以免老人太苦。吾觉恐未易办，曾函雪屏，只说下月而已……"陈雪屏是余英时的岳父。孔德在安徽大学任教时，曾和余英时的父亲余协中共事。

中大曾送给熊十力聘书，黄艮庸以为他的老师不会出山，扣下了聘书。熊十力错失中山伸出的橄榄枝。一九四九年九月十六日，他给徐复观等写信，透露"王季思言之，则局面已大变，时时见报上要疏散，吾何必交涉入城？则可安之也。若早入住定，孔德自亡要走，陈可忠在动摇，也不知向谁交涉"。

此后的孔德，不知所终。"自亡要走"，去了何方？内地，还是海外？抑或留在了广州？那么，是生，还是死？

忽然想起刘节，翻开《刘节日记》，果然有两处有关孔德：一九三九年八月三日，在成都"遇旧同学孔肖云兄"；一九五六年一月十九日，"晚周其勋夫妇来访，谈补助孔德夫人事情，余夫妇答应每月出三元"。刘节日记缺一九四六年至一九五一年以及一九五五年，而一九五二至五四年间，刘节日记并没有记孔德事。这更给人想象的空间，一九五一年，还是一九五五年，孔德遭遇了什么，以至于同事好友商量着资助孔夫人。

一九五一年九月，中大机构调整，孔德没有出现在负责人名单上。而他两位老乡王季思、刘节分任中文系、历史系主任。为什么这位曾经的中文系主任，在今天的中大校史上连生卒年份也没有？

多年前上旧书网，发现一九五二年四月号《翻译通报》上有篇署名孔德的文章《关于法国近代史的几个译名》，顺手下载来，再查该刊一九五一年第三卷第三期、第四期还发表过孔德的《略谈越南地名汉译》《论法国大革命史上的几个译名》，一九五二年二月《地理知识》则有篇类似的《关于越南地理的几个问题》，难道是转变中另一个孔德吗？

至此，在我的视野里，孔德的故事结束了。如果孔德在一九五一至五六年间去世，那也不过六十来岁。或者他远走他乡，留下了妻儿老小。

还有多少像孔德这样的人物，消失在地方，消失在新旧交换之间……

"文学青年"汤增敭

一

一九三一年十月二十九日,鲁迅写了一篇《沉滓的泛起》,署名它音,发表在十二月十一日出版的《十字街头》第一期上。此文批评了民族主义文艺论,提及《草野》及其编辑。《草野》创刊于一九二九年五月四日,停刊于一九三一年十一月十四日,办了九十来期,主要编辑有王铁华、汤增敭等。鲁迅在文中以"文学青年""文学小囡囡"讽刺他们。

一九三三年七月八日,鲁迅在给黎烈文的回信中又提到汤增敭:"惠函收到。向来不看《时事新报》,今晨才去搜得一看,又见有汤增敭启事,亦在攻击曾某,此辈之中,似有一小风波,连崔万秋在内,但非局外人所知耳。"这场"小风波",鲁迅在《伪自由书》的《后记》颇多涉及。

一九三三年十一月十五日出版的《申报月刊》第二卷

---

* 本文写于二〇二〇年六月十五日,发表于《现代中文学刊》二〇二一年第一期。

十一号发表鲁迅《谣言世家》，再次点名汤增敫。此前，汤增敫写了篇《辛亥革命逸话》刊登在《时事新报》上，说杭州光复时，杀了很多驻防旗人，其辨别旗人的方法，就是让可疑者读"九百九十九"，旗人音"九"为"钩"，"百无一失"。鲁迅认为："这固然是颇英勇，也颇有趣的。但是，可惜是谣言。"

据赵家璧《鲁迅怎样编选〈小说二集〉》载，一九三三年十一月十三日，良友公司遭到"影界铲共同志会"的特务破坏，门市部大玻璃被铁锤击碎。不久，汤增敫就以卖稿为名找上门，"敲去了一笔钱，还说'保证'以后没事了"。赵家璧把此事告诉了鲁迅。鲁迅在《中国文坛上的鬼魅》里给以鞭挞："'文学家'将自己的'好作品'来卖给他了，他知道印出来是没有人看

刊于《学生文艺丛刊》一九二五年第二卷第九期上的少年汤增敫像　　刊于一九三八年《新中国》年刊上的青年汤增敫像

的，但得买下，因为价钱不过和一块窗玻璃相当，而可以免去第二块石子，省了修理窗门的工作。"

这个汤增敭最早出现在鲁迅的笔下，应是在日记里。一九二八年十月十八日、一九三〇年四月七日、一九三〇年四月九日，鲁迅收到汤振扬（即汤增敭）信。一九二八年十月二十九日，鲁迅回复汤一封信。

在鲁迅"一个也不宽恕"的诸多对象中，汤增敭籍籍无名。二十世纪九十年代中期，汉语大辞典出版社出版了一套"海派小品集丛"，内有《汤增敭集：大学风景线》，这是一九四九年后汤增敭作品唯一集中亮相，但未能引起关注。《鲁迅全集》注释也是寥寥几笔，仅指明他与《草野》的简要关系。正如《汤增敭集：大学风景线》编者许道明所言："汤增敭何许人，一般读者是生疏的，对于专治现代文学的人来说，未见得能够讲出多少子丑寅卯。我们也是在全面清理海派散文遗产时，偶然发现的。经由不太深入的调查考索，稍微掌握了他的基本情况。"

而我因为寻找《小小十年》作者叶永蓁的文章，进而发现了汤增敭。《汤增敭集：大学风景线》的《前言》及《鲁迅全集》注释所述存有疏漏和空白，觉得有必要为汤增敭生平和作品作一梳理。

二

汤增敭何方人氏？《鲁迅全集》注释，汤增敭是浙江吴兴人，即今湖州人。《汤增敡集：大学风景线》编者也说汤增敡是吴兴人。但又说他与叶永蓁"自小便是同乡兼同学"，这就矛盾了。叶永蓁是浙江温州乐清人，怎会与汤增敡同乡？

汤增敡在一九三三年八月广益书局出版的《幸福》一书《后记》中回顾了写作经历："我的写作开始，是从乐清县立第三高等小学肄业的时候，那时候我投稿的刊物，有上海《民国日报·觉悟》及胡寄尘先生主编的《小说世界》……我在那学校的三年中，大半的光阴是牺牲在这自己觉得有意义的投稿里；同学和师长，当时讥笑我的无料，尤其是教我国文的那位郑器远先生，责备我特多……过了这短促的三年小学生活，我负了家长的重大使命考入温州省立第十中学。这时正是革命红流高涨的时候，我受了新思潮的洗礼，毅然决然地参加了革命运动，终日为民众被压迫解放在奔走。"此书《自序》还对"少年时代的同学叶永蓁兄"插图表示感谢，"他替我绘了许多美丽而有力的插画，他因为忙着为各大刊物撰稿，结果仅替这集子绘了二张新的画，不过在这里，也可以见到他底天才和伟大的艺术表现，这实在（为）本书生色不少"。这可能就是《汤增敡集：大学风景线》编者说汤、叶"自小便是同乡兼同学"的出处了。

乐清县立第三高等小学即今乐清市柳市镇第一小学，创办于一九〇二年，是乐清最早的新式小学之一。该校百年校庆纪念册所录《历届部分校友名单》中，一九一九年有叶榛（即叶永蓁），一九二四年有汤敬旸，应就是汤增敡，同年有陈适。他们合作编写谜语、歌曲,《琴心斋小慧集》《答在学诸同学歌》发表在《学生文艺丛刊》一九二五年第二卷第八集,署名前冠"乐清三高"。后来他们还一起采集地方歌谣,结集为《瓯海儿歌》于一九三三年六月由上海南京书店出版。一九三五年一月出版的《旅行杂志》第九卷第一期上刊有汤增敭《杨八洞》一文,回忆一九二五年游乐清杨八洞之情形。

浙江省立第十中学现为温州中学,查《温中百年》所载师生名录并无汤增敭的名字。这不奇怪。原因一是一九二三年至一九二七年的毕业生档案已无存,现有名单是按当年同学录补入;二是汤增敭在校期间积极参加革命运动遭到"封建势力的突袭",使他的生命"发生危险",在学校待了两年后"不得不离开"而流亡,所以不在毕业生名单之列。但汤增敭的十中读书经历是没有什么可疑的。他曾在《十中中山市市刊》一九二五年十一月创刊号发表过一首诗《贺中山市市刊》,还写了《春晨登中山》《晚间自修时候的我》等文记录校园生活。中山是温州城内中山书院里的一座山,书院后改为温州府学堂,即省立十中的前身。《晚间自修时候的我》发表在《学生文艺丛刊》一九二六年十一月第三卷第九集,署名前冠"浙江十中"。据《中共温州独立支部与国民革命运动》收录的《温州学联代表大会执行委员会组织系统》(一九二六年四月)载,汤增敭任职于会计股。又据吴廷琯《陈适其人其事》一文记述,当时,汤增敭与由乐清三高毕业考入十中的同学陈适、黄尚英、朱澄等人,经徐雨白介绍加入中国共产党,在松台山麓曾宅花园举行了入党宣誓,经常在那里活动,后来一起遭到追捕。

一九二二至一九二四年就读于乐清三高、一九二五至一九二六年就读于省立十中,足以说明汤增敫与乐清、温州的关系非常紧密。而一九三四年《湖社第十届社员大会特刊》刊登的社员名单中列有汤增敫。加入湖州同乡会组织湖社,汤增敫表明自己是湖州人。那么,吴兴应是他的祖籍。但他们家何时迁徙乐清生活,目前尚不清楚。汤增敫提到在乐清三高只三年,或许客居乐清而已。汤父名少谱,一九三七年四月二十三日在上海去世,享年六十一岁,《申报》《新闻报》等刊有讣闻。询问乐清几位老先生,均不知其人。汤增敫夫人蒋集成却是地道的乐清人,出身书香门第,其父子琳,思想开明,曾在乐清创办女学。蒋集成前适人,不同志趣,遂离异,后嫁汤增敫,一九三五年留学日本,抗战期间居沪做地下工作,胜利前夕被捕入狱,日军宣布投降后出狱。有人投书《中央日报》呼吁要给蒋集成这样的英雄颁发勋章。

三

据汤增敫自述:"我逃亡到几处很小的地方,始辗转到这万恶罪薮的大都市。"他有一首《别椒江》的诗,应是逃亡之初所作。椒江濒临乐清。《山朝》一九二七年十一月第一卷第二期刊有汤增敫《畸零人的归宿》《漂荡在黄浦江上》两诗,落款"二七,秋,流浪于浦东""二七,八,五于浦江舟中",可见当时的状态。上海有汤氏亲族，不乏富豪，但汤增敭并不受他们的待见。最使他痛恨的，"就是一般势利鬼的亲族"。他们以为汤增敭"不走思想的正路"，嘲笑他"为社会革命既未成功险些儿将自己的头革掉了"。

汤增敭卖过旧书，进过长生库（典当），欠过房租，饿过肚皮；但他在贫困交加中，庆幸自己还有"幸运的行径"。先是在正风中学卒业，再进入上海艺术大学，后考入复旦大学新闻学系（现复旦大学新闻学院网站资料显示为一九三一年入学，实际一九二九年就已入学），并逐渐在文坛崭露头角。在复旦大学，得到谢六逸、孙俍工、黄天鹏等人青睐。在校期间，即担任复旦大学预科国文系教授，教"现代文选"一科。当时复旦新闻学系的宣传，常以汤增敭为典型，有"在校生汤增敭在国内文艺界有相当的荣誉"云云。《申报》编辑朱大心经常刊发汤增敭的书评和艺术评论文章，使他有了学费和零用钱。而汤增敭早期的诗文多发在《国民日报》。

一九二八年下半年，汤增敭无意中参与了当时的"革命文学"的论争。《北新》第二卷第二十一期、第二十四期分别刊登他署名振扬的《自动停刊》《〈门市部小伙计启事〉的回音》两篇文章。就是这个时候，鲁迅给他回了信，不知是否有关"革命文学"。

自一九二九年五月四日《草野》创刊以来，汤增敭是主要编辑和积极的撰稿人，直至一九三一年第五卷第九号开始淡出《草野》。

一九三一年七月,汤增敭出任《星期文艺》主编。在他主持下,《星期文艺》颇有生机,销路渐佳,《申报》有"异军突起"之谓。《星期文艺》刊有汤增敭《现代书局总编辑李赞华》《复旦中国文学系主任孙俍工先生》《傅彦长教授访问记》等文。《星期文艺》停刊后,汤增敭担任《时事新报》副刊《学灯》编辑。鲁迅给黎烈文信中提到的《汤增敭启事》刊于《时事新报》一九三三年七月六日:"予现专任职于时事新报馆,对于外间各刊物均无关系,前阅某新闻,载曾某宣称,予曾与某君同往校对××周刊等语,殊属骇异。予自《星期文艺》停刊后,从未往任何印刷所及与人作校对之事宜,显然为曾某之信口雌黄,任意造谣。嗣后如再有此项不负责任制事情发生,当诉诸法律,决不宽恕。"曾某为曾今可,《草野》主要作者之一,汤的朋友,当时也被鲁迅批评过。此后汤增敭还担任过《晨报》《上海晚报》编辑。

一九三二年初,汤增敭还与徐则骧创办了上海狮吼文艺社,至一九三五年还在坚持活动。高峰时社友达百余人,分社一二十处,杭州、无锡等分社办有刊物。然此狮吼文艺社与滕固等人创办的狮吼社并无关系。

一九三四年四月三日,南社成员举行陈去病追悼会并聚餐,到会一百零九人,胡怀琛提议推蔡元培为晁天王、柳亚子为宋公明,并请柳亚子"点将",汤增敭为地遂星通臂猿。

一九三七年一月,汤增敭创办《南风》半月刊。

汤增敭活跃于上海文坛,那几年《申报》报道艺术动员餐话会、抗日救国随军记者团、五四纪念大会、时代青年社、晨光艺展、图书小说业整委会、中国电影艺术研究会、中国文物研究会、上海孔子学会等活动都可见汤增敭的名字。其声名最盛当在一九三七年三月，父亲六十大寿，王西神、吴铁城、李登辉等发起祝寿活动，所得寿仪捐献办学，各大报纸争相报道。

汤增敭办过报刊，做过编辑，还跻身教育界，担任过上海滨海中学、人文中学、民光中学校长及上海江南学院讲师、暨南大学教授、世界文学函授学院院长、上海新中国大学事务部主任兼新闻学系主任等职；尤其一九三四年七月接任民生中学校长后，与徐则骧、陈适搭档，出尽风头。此校董事长为潘公展，前任校长为丁默邨，皆一时权势人物。

但风头和霉头两隔壁。一九四〇年三月二十日，《申报》及香港《大公报》等媒体刊登重庆中央社发布的消息，云汤增敭、周乐山等九人反正自新，赴渝请罪，离沪前致函汪精卫，痛斥其欺骗行为，联名"大学教联会"系捏造。时外界传闻汪政府组阁内定汤为浙江民政部厅长兼中央社会部指导专员。自此汤增敭在报刊露面就少了。

一九四五年初，汤增敭在重庆编辑《通讯半月刊》。五月，任贵州图书杂志审查处长。十一月底，该处裁撤。

《鲁迅全集》《中国国民党百年人物全书》《中国近现代人物名号大辞典》均记汤增敭生于一九〇八年，卒年不详。《湖州名人志》《浙江古今人物大辞典》《中华汤姓源流》则认为汤增敭生年为一八八二年，卒年分别为一九四四年、一九四八年、都不准确。一九四七年、一九四八年前后，汤增敫在《新夜报》做总编辑。一九四八年七月，上海国民出版社创办了一份《新知识》杂志，办到一九四九年三月第六期后停刊，汤增敫一直任编辑。

汤增敫后来去了台湾。查《金门古宁头舟山登步岛之战史料初辑》收有汤增敫《舟山前线新经纬》，原载《新生报》

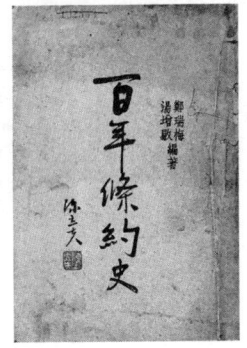

部分汤增敫著作书影

一九四九年十一月二十六日。台湾《浙江月刊》一九六八年第一卷第一期刊王惠民《追记舟山撤退的一幕》，忆及国民党军队撤离舟山时，汤增敭任舟山防卫司令部政治处长兼省党部委员。一九五〇年十一月，台湾华清出版社出版汤增敭编《苏联帝国主义侵略中国简史》。有网站显示，汤增敭一九五五年一月至一九五八年期间任台北市"第三届议员"，身份是华清出版社发行人、《新生报》监察人。位于台湾新北市新店区的新新煤矿，一九六七年倒闭。据说矿主为李省吾、汤增敭。

汤增敭何年在台去世，在台有否从事文学创作，待进一步考察。

四

《汤增敭集：大学风景线》列出汤增敭著作只《姊姊的残骸》《幸运之连索》《幸福》三种，遗漏甚多。其作至少有如下十多种：

《独唱》，上海草野社出版部一九二九年十月初版，一九三〇年五月再版，收录《别椒江》《死前的预祷》《把我从梦魇中惊醒》《独唱》《对着骷髅痛饮》《神女》《乡怀》七首诗。

《姊姊的残骸》，上海草野社一九三〇年九月版，书前有"谨以本书，纪念我似有似无的亡姊菁菁"，卷首为《死前的预祷》诗，随后散文十八篇，附后记。章衣萍、孙俍工作序，叶永蓁、朱释冰插图。章序有"'诗穷而后工'。汤君既穷矣，他的诗一定很工吧。然然我是诗的门外汉，但我可以大胆的说，汤君要诗做得好，应该在穷下去才好。然而，'伤哉贫也'之叹，诗人可奈何！"云云。

《幸运之连索》，与黄奂若合著，上海现代书局一九三一年初版。李赞华、黄梁梦（即黄天鹏）作序。这是一本记录学校生活的文集，共三十篇，各篇未注明作者。黄奂若是汤增敭在复旦的同学，《草野》伙伴。一九三七年十一月文艺书局再版，易书名为《初试》，署名只黄奂若一人，黄梁梦序未保留，正文一模一样。如果这些文章都是黄奂若所撰，那么《春的艳装》《舞台中底三多》《浪费的故事》《初试》等文也被汤增敭收录在《幸福》一书，又是为何？不得其解。

《小学生歌谣》，汤增敭编，广益书局一九三三年二月版，新时代小学生丛书第八种，收录各地歌谣五十四首，不乏《正月灯》《月光佛》之类的温州童谣。

《现代教育通论》，上海大东书局一九三三年四月版。社会科学基础丛书之一，分"何谓教育""教育的制度"等十章。

《瓯海儿歌》，与陈适、徐则骧合编，上海南京书店一九三三年六月版。内容为温州地区童谣，五十首。有陈适序，他应该做了主要工作。

《幸福》，广益书局一九三三年八月版。分"学校生活"（散文）、"流浪之歌"（诗歌）、"绯色的梦"（小品）三部分，计散文十五篇、诗歌十七首、小品十九篇。叶永蓁、朱释冰、方雪鸪插图共十二幅。孙俍工作序，认为他的抒情小品是"感伤的，但他底感伤与旁的颓废派的感伤不同；感伤之外，还带有一种对于现实的希望与努力"，而"他的诗很富于象征的意味，而且是富于情调的象征"。

《写景文作法》，上海广益书局一九三三年八月版。分"写景文概论""写景文作法""写景文选论""写景文文范"四编，为在复旦大学授课时所撰讲义改写。

《社会学概论》，上海大东书局一九三三年九月版。社会科学基础丛书之一，分"何谓社会及社会学之性质""社会之制度及家庭与家族"等九章。

《情歌》，汤增敡编，上海湖州书局一九三三年十月版。收录各地情歌八十首。该书有《本书编者著译一览》，除本文所列外还有《中国森林问题》（大东书局）、《文艺思潮研究》（编著中）、《大众文学讲话》（星期文艺社）、《文艺素描集》（与徐则骧合著，晨报社）等信息，这几本书尚未见到。另《新闻报》一九三五年七月三十日报道，汤编《中小学生升学指导》由上海新民书局发行，亦未见。

《自然科学史大纲》，广益书局一九三四年二月版。前编为"方法论"，分"现代自然科学认识与方法""关于最近的各问题"两章；后编为"历史论"，只"自然科学史概要"一章。

《玫瑰花笺》，大达图书供应社一九三五年四月初版，一九三五年十一月再版，收录《玫瑰花笺》《月夜》《梦恋》等十二个恋爱故事。

《上海之春》，上海万象周刊社一九四四年九月初版，同年十二月再版。分"上海之春""淞滨散记"上下两辑，共五十六篇散文，为抗战期间上海见闻，具有战时社会学意义。

《百年条约史》，又名《废约运动概观》，与郑瑞梅合著，光华出版社一九四四年九月版。

汤增敭出道甚早，在二十世纪三十年代上海文坛也算有点名气，除去教育、社会学等方面的专著，散文、诗歌创作富有个性，而且从革命立场转变上考量，亦值得探究一番。可惜他的运气不如叶永蓁。叶永蓁因为有鲁迅给他的小说《小小十年》作序，在文学史上留下了一笔，而汤增敭，知者甚少，仅见《浙江现代散文发展史》专节提及其"现实咏叹"的价值。如果要全面反映中国现代文学史的面貌，那么汤增敭这样的"文学青年"似乎是很有挖掘必要的。

关注《何典》之外的钱天起

刘半农重印《何典》，热闹一时。不仅牵涉吴稚晖，鲁迅也破天荒为别人著述写了两篇序。其中一大热点就是北新书局初版时用了很多空格代替删节，刘半农因此写了篇《关于〈何典〉里方方方及其它》回应。关于"方方方"，这里按下不表，只说"其它"——"又有钱式芬先生，很仔细的同我讨论《何典》中的方言。研究方言本是我的本行，所以我将来信附抄在下面，并逐条加以答语"。刘半农抄录钱式芬的信共三十一条，却有十四条提及温州话。如《何典》中的"麚糟弥陀佛"，"'麚糟'污秽也，温州此语极通行"；"小舍人"，"小孩子也。温州称为'碎舍儿，盖此音之转'"，等等。这位钱式芬懂温州话，十有八九是温州人。因此，前些年有两位关注地方文化的朋友不约而同向我打听钱式芬的事迹，而我孤陋寡闻，也是第一次听说。温州盛产语言文字学家，晚清以来有孙诒让、戴家祥、郑张尚方诸家，我初以为钱式芬是一位被埋没的方言学家，然而一路寻找，呈现的却是另一种的形象。

---

* 本文写于二〇二一年四月十二日，发表于《随笔》二〇二二年第五期。

一

前几年数据库虽不如现在发达,但还是能检索到钱式芬即后来的钱天起,《河南社会科学手册》《河南大学百年人物志》等有载。其中《河南大学百年人物志》所记最为详尽,是官方盖棺定论,其基本情况如下:钱天起(一九〇六— 一九六八),又名式芬、易寒,浙江瑞安人。一九二三年浙江温州省立第十四中学毕业后,考入陆军兽医学校,一九二四年春又进入北京中俄大学,后转入武昌中山大学国文系学习。一九二七年毕业,获文

河南大学一九六四年档案表上的钱天起照片(钱大梁提供)

学学士学位。一九二八年三月赴日本留学，一九二九年春回国后先后任山东曲阜省立第二师范教员、上海国光中学教员、北京铁路管理学院副教授、上海商务印书馆编辑等职。他早在一九二六年二月在北京上学时就加入共产主义青年团；一九四七年在上海加入中国民主同盟，任民盟上海市支部委员、文教副主任委员；一九四九年初加入中共地下党领导的教育协进会。中华人民共和国成立后，历任平原师范学院中文系主任、副教务长。一九五六年调开封师范学院（今河南大学），历任院长助理、副院长兼中文系主任等职，是河南省第三、第四届人民代表大会代表，开封市第三、第四届人民代表大会代表，河南省政协第二、第三届委员会委员，河南省第一届哲学社会科学联合会副主席。"文化大革命"期间，因受林彪、"四人帮"极"左"路线的迫害，含冤去世。

这篇介绍未注明出处，不知是不是根据钱本人档案所撰，但有多处经不起推敲。比如就读的中学应为温州浙江省立第十中学，即今温州中学。查该校一九二三年六月版《校友录》，钱式芬字弋工，时为二年级乙班学生，可知他一九二二年入学。《百年温中》载钱式芬于一九二五年毕业。创办北京中俄大学的张西曼有《国立中俄大学变迁》回忆中俄大学始于一九二五年，次年四月解散，大部分学生转入国立法政大学。一九二七年春，国立武昌中山大学开设俄文法政学系，一部分学生分流到此，钱式芬为其中之一。中央档案馆保存一份一九二八年一月二十四日中共浙江省委给中央的报告，请中央解决人才、经费，提到前请中央补充人员，只到钱式芬等四人，"实在不敷分配"。但不久钱式芬就遭到通缉，瑞安乡绅张棡在一九二八年十月廿六日日记记载："晨，看杭州《新闻报》，见政府通令，有饬缉瑞安共产之匪，如……钱式芬等，约十七名。"说明一九二八年三月钱天起还未到日本留学。

钱天起在陆军兽医学校、山东曲阜省立第二师范（应为曲阜山东第二师范学校）、北京铁路管理学院、上海商务印书馆的经历，目前未见他人提及。他的出国，似乎意图在于躲避追捕。

二

可以肯定的是，钱天起回国后开始弃式芬之名而用天起。二十世纪三四十年代，钱天起主要工作生活于上海。台湾作家缪天华与钱天起同乡，二十年代末三十年代初在吴淞中国公学读书，他晚年撰文《超人和逸庵》，回忆在上海遇到两位性格极端相反的朋友。一位是超人，即后来写出《延安一月》的名记者赵超构。"他的一切，如果用一个字来形容，就是'快'。"还有一位逸庵，即钱天起。"他平时沉静寡言，遇到生客，他常是坐着谛听，间或点头微笑；偶然应答几句，又总是用和悦的声音，回答得非常得体，因为人家对他第一次的印象多是：'这个人不错，好像很有学问。'吃饭时，我看他总是细嚼慢吞，这是他的明显的特点。他的态度稳重老练，朋友之间假如发生了什么解决不了的事，常要请他设法。"缪天华说，钱天起去过日本，"爱

休除蕪穢養勻條鷄唼豚啄不厭罷小兒營前心意廣閒籬風竹幕瀟瀟

钱天起赠缪天华书法

好日本的文学"。"闲居江边，赁一间民房住下来"，曾作一首打油诗："午睡醒时日已斜，忙穿袜子访天华。吴淞江畔潮已退，陌上人归踏落花。"反映当时散淡的生活状态。不久，钱天起到一所私立中学教书，颇得校长器重。因为校长喜欢书法，而钱天起写一手好字，"苍劲多姿"，初学翁松禅，后喜米友仁、苏东坡的墨迹。缪天华抗战时到福建永安教书，傍晚细雨，触发旅愁，写了一首绝句寄给钱天起。钱天起和了一首，写在一张条幅上寄了过来。缪天华一直珍藏着，后将之作为这篇回忆文章的插图。我正是从这张条幅认出逸庵原来就是钱天起，进而知道钱天起这段往事的。一九三七年，钱天起还受老家瑞安海安乡亲之托书写《重修鲍海湫陡门记》碑文，可见他的书法被人认可。

缪天华说钱天起擅长作文，他可能不知道钱天起在十中就读期间就在《浙江十中中学部期刊》一九二五年第二期发表《登华盖赠友人》《月下寄所思》《夜坐口占》《仿佛》等四首诗歌，表现出对文学的兴趣。这期杂志还载有后来创作出小说《小小十年》的叶永蓁以及担任过中央日报社长马星野（马伟）的作品。当时，"擎了新文艺火炬到温州，使那里的新文学运动顿放光明"的朱自清才离开省立十中，校园文学氛围浓烈。缪天华可能也不知道，钱天起在北京读大学时，曾写信给刘半农参与讨论《何典》语言问题。

缪天华只是惋惜钱天起"写得太少了"。"散文有《驿和站》等短篇，曾在什么杂志上刊登出来，文字和意境都极优美。我的作品，偶然经他修改，觉得受益无穷。"钱天起写的确实不多，除了《驿和站》（刊于《中央日报》一九三三年十二月十八日、《人间世》一九三四年第六期），还有《隐士》（刊于《人间世》一九三四年第八期）、《海外妇女动向》组稿（刊于《女声》一九三四年第二卷第十一期、第十三期）、《祖父的遗诗》（刊于《葱茏》一九三五年第一期）、《十五年来暑假生活》（刊于《青年界》一九三六年第一卷第一期）、《四月中旬日记》（刊于《青年界》一九三七年第十二卷第一期）、《学费问题的我见》（刊于《申报》一九四五年一月二十一日）、《中学国文教学教材问题书面意见》（刊于《现代教学丛刊》一九四九年第二卷第一期）等，署名钱式芬的则有《德国共产党的失败与苏俄》（刊于《中国与苏俄》一九三三年第二卷第五期）。

钱天起曾为董每戡《永嘉长短句》作序（刊于《温州新报》一九三三年一月十八日至二十一日），署名钱易寒。而缪天华的回忆文章还提到一段趣闻：有段时间钱天起生活窘迫，以春芜女士为名参加《时兆月报》举办的"一封恋爱不忘革命的情书"征文活动，期望获奖来改善生活。结果获得第二名，得到一笔奖金。武昌一军校学生以为春芜女士真是一位多情女子，来信求爱，钱天起假装春芜女士跟他通信，最后那学生要到上海来看他，他不得不找借口拒绝了。其实，缪天华的记忆有误，举办征文活动的并非《时兆月报》，而是《时事月报》，所用笔名也非春芜女士，而是缪春芜，获得的名次也非第二名，而是第一名。该刊一九三一年九月第五卷第三期公布了获奖名单，云应征者不下四千，第一名奖金为二十元；同时刊登了七篇获奖文章，题目为《恋爱不忘革命的一封情书》。据此线索，我检索到钱天起还以这个缪春芜及缪春芜女士之名发表过《灶下随笔》（刊于《珊瑚》一九三三年第二卷第六期、第七期）、《结婚制度之史的变迁》（刊于《女青年月刊》一九三三年第十二卷第七期）、《两性之科学的比较》（刊于《女青年月刊》一九三三年第十二卷第十期）、《现代妇女的婚姻问题》（刊于《女青年月刊》一九三四年第十三卷第七期）、《明月调筝楼韵语》（刊于《小说月报》一九四〇年九月七日、九月二十日）等。

他文章中最有影响的当属《隐士》，被认为是赞美以现代隐士自居的周作人、林语堂等。鲁迅读后随即写了篇同题文章批判："泰山崩，黄河溢，隐士们目无见，耳无闻，但苟有议及自

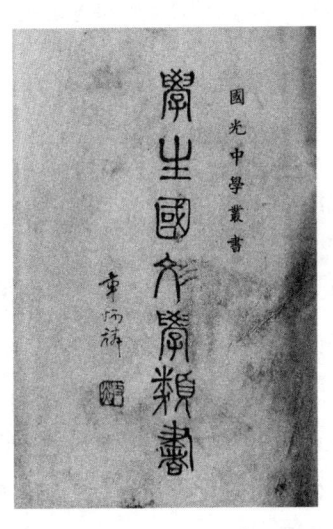

钱天起编《学生国文学类书》，章太炎题写了书名

己们或他的一伙的，则虽千里之外，半句之微，他便耳聪目明，奋袂而起，好像事件之大，远胜于宇宙之灭亡者，也就为了这缘故。其实连和苍蝇也何尝有什么相关。"周作人见之亦写了篇《老人的胡闹》回应。此文至今还是研究周氏兄弟经常被引用的文章。

钱天起还编过一本《学生国文学类书（工具之部）》，为国光中学丛书之一种，于一九三六年九月由文学书房出版。此书由章太炎题写书名，含《世界文学名著提要》《世界文学作家事略》《中国文学作家事略》《中国现代文学作家事略》《中西文学年表》《中国历代首都沿革表》《古书难字释例》《日常用字辨异》等九文，并附《国学要籍举目》《注音字母发音表》《中国历朝起讫与西历对照表》《历代统系表》等五文。该书《序列》有云："本类书专供学生国文科参考之用，计分工具、思想史、文学史三部。此为第一辑工具之部。""计自着手编纂，以迄成书，历五十余日"，可谓快手。此书实乃钱天起用辞典之体例编写中外文学史，可惜未见思想史、文学史两部问世。此书已渐受学界关注，上海社会科学院法学所胡译之撰文《荷马的13个中文名字》（刊于《文汇学人》二〇一七年十一月十七日），认为在荷马及其作品《伊利亚特》《奥德赛》传入中国的过程中，他的名字先后被翻译成和马、马和、侯美尔、贺梅尔、和美耳、河满、何满德、诃美洛思、何美洛思、鄂谟尔、鄂谟、和马洛斯、荷马种种，钱天起在编写《学生国文学类书》时，摈弃其他诸多译名，只说"荷马或称荷马洛斯"了。待到抗战结束，"荷马"这一译名遂成共识。

三

上海国光中学筹办于一九三二年，正式开学在一九三三年三月，当年秋季出版了介绍学校相关情况和规章制度的《国光中学一览》，内列教职员名单，未见登录钱天起信息。可见，钱天起是一九三三年秋季后入职的。一九四〇年六月，国光中学改名国强中学，聘钱天起为校董。一九四二年下半年上海局势趋紧，国强中学无法正常上课，钱天起回温躲避战火，受聘于永嘉县立中学。时金溟若编选《国文活页文选》，作为初级中学教材，请钱天起校阅。此书一九四二年十二月由山海出版社出版发行。时局稳定后，钱天起重返国强中学。一九四三年十二月十五日，日本宪兵闯入校园，带走了钱天起等人，校方呈报上海市特别政府取保才予以释放。

杭州沦陷后，之江大学在沪复课，夏承焘也来到上海。一九三八年十二月七日，夏承焘第一次拜访钱天起，其日记云："天五欲与予同住，约明日往看。十一时同访钱天起，雁迅戚友也。"雁迅姓陈，也是瑞安人，无锡国专毕业。而此前钱天起在《〈永嘉长短句〉序》中表达对夏承焘的敬慕之情："永嘉词人，除卢祖皋为一代名家外，余都不足道。近人夏癯禅风流蕴藉，听说其词也像其人，恨未得见其词其人。"一九三九年至一九四二年间，夏承焘与钱天起时有来往，夏承焘日记记有多条。一九四二年三月十三日，夏承焘还到钱天起那里借了一本周作人《苦茶庵笑话选》来看。一九五〇年三月十三日，夏承焘写信给吴鹭山问钱天起情况，夏承焘从陈雁迅处听说钱天起新任上海市府秘书主任。夏承焘日记最后提到钱天起是在一九六〇年八月四日，他们同在北京参加作协大会。这是后话了。

钱天起是上海民盟早期盟员。一九四七年十二月，民盟上海市支部成立，钱天起担任第十区分部主任。一九五〇年十月，钱天起当选上海各界人民代表会议代表。一九五一年，钱天起调入刚刚创办的平原师范学院，任副教务长及民盟中央直属新乡市小组组长。据董每戡儿子董苗先生说，钱天起去平原师院学院任教是他父亲向赵纪彬推荐的，当时他的叔叔董辛名也在平原师院学院。钱天起与董每戡订交于日本留学时期，钱天起为董每戡《永嘉长短句》写序言时，对董每戡之学问与为人有极高的评价，而后二人又同为上海民盟盟员。

一九五三年八月，平原师范学院与河南大学合并成为河南师范学院，之后钱天起担任过二院教务长、本部院长助理等职。一九五六年十一月，河南师范学院又进行了一次调整，本部和二院分别定名为开封师范学院和新乡师范学院，钱天起调任开封师院学院院长助理、中文系主任。那时候，钱天起还担任《开封师范学院学报》编委会副主任、校图书馆首届委员会主任，并是民盟河南省委第二届委员，第三、第四届常务委员。一九五九年十月十三日，周恩来视察黄河三门峡水利枢纽工程工地，开封师范学院中文系一千两百多名师生正在工地进行劳动锻炼，作为系主任的钱天起回答了周恩来提出的数个问题。

开封师范学院中文系一九六二级学生祝仲铨写过一篇《春晖曲》，回忆钱天起的入学"训话"。祝文说，钱天起当时提了很多要求和设想。一是对教师有要求：提高教学水平，完成科研任务；二是对学生有要求：珍惜时间，刻苦学习，毕业时要通过毕业论文，进行毕业答辩。钱天起还参考北京大学中文系的课程设置安排教学，意在提升中文系的整体水平，振兴中文系。

一九六三年二月，钱天起升任副院长。一九六四年八九月，全国开始批判电影《早春二月》，钱天起写了《有关人道主义的几个问题——在〈早春二月〉讨论中所想起的》，对《早春二月》进行了强烈的抨击。这是目前能检索到的一九四九年后钱天起写的唯一文章，而他在河南师范学院校史、河南大学校史中所留下的"精于汉语教学，尤工于语法修辞学""古汉语词汇学家，二级教授""学识渊博，治学刻苦认真，在语言学、文字学等领域曾发表不少较大影响的论文，具有相当高的造诣"的形象，几乎没有什么材料可以来印证。我曾通过河南大学校史馆馆长王学春找到钱天起的儿子钱大梁先生，他说父亲的手稿在"文革"中都被抄走了，有一本语言学著作不知下落，存于学校的档案亦失于火灾。

据《河南师大校史稿1912—1982》记载，钱天起在"文革"初期就被打成"反动学术权威"，关进牛棚；一九六八年"清理阶级队伍"时，又被诬陷为"国际间谍"，自缢而死。

河南大学党委统战部网站刊有河南大学党委统战部原部长杜明《我的回忆》，总结在任期间所做工作，提及一九八三年四月初"为副院长钱天起开追悼会。追悼会之前统战部做了很多工作，开始其家属提出是他杀，不是自杀，为此市委统战部和我校组织调查组在学校和市内外地进行调查，最后确定仍是自杀。家属又提出二女儿安排问题，其爱人要求印刷厂安排其女儿工作，与政策不符，后经请示省统战部将其女儿安排到中文系资料室。最后又提出登报问题，要求在《人民日报》或《光明日报》上登讣告，后登了《光明日报》。这一工作从调查请示到和家属协商解决问题，前后历时将近一年"。

关于钱天起的死，新近出版的《董每戡书信辑存》收录一通一九七九年十二月六日董每戡致林亦龙函有所涉及："他（指王季思）到开封'讲学'，碰到天起爱人，知最近平了反，可能跟我一封信有关。我分析短遗嘱是假的，并证明天起历任都是代我的，一直工作没缺点，绝非自杀，而是被迫害死的。也许他将信交上级，拖了几年的申诉，忽处理了。"但董每戡笔锋一转，又说"天起对辛名、对我都不大够朋友，我一直（自68［年］起多次写外调材料）都始终如一地为他说好话，我决不歪良心。我二十多年来在死的边沿走，能活下来，我迷信都因没有害人之故"。我向董苗先生请教个中原委，他说钱天起在"反右"期间曾"无情揭发"他父亲和叔叔。"那个时代为了自保，也可以理解。"董苗先生感慨了一番。

无论钱天起，还是董每戡，他们的一生大概是可以作为中国百年知识分子命运的缩影来考量的。

王服周事迹

张宗祥《铁如意馆题画诗》内有一首《为温州友人画山水》："梅雨亭中几度游，十年尘梦忆温州。仙岩瀑布应无恙，看瀑人今已白头。"《不满砚斋稿》也收录此诗，"无恙"改作"如旧"，题为《为王服周兄画山水即题其上》。（见上海古籍出版社《张宗祥文集》）由此可知，这位温州朋友是王服周。

记得五年前卢礼阳先生为撰《张宗祥与温州人士交游考略》曾发邮件来询王服周生平，我只查到《温属六县旅渝同乡会档案》有这个名字，匆匆作复。卢先生这篇大作近在其微信公众号上才拜读到，其中对王服周生平只提道："王服周生平未详，抗战时期逗留重庆，一九四五年四月浙江省温州旅渝同乡会会员名册上有他的名字，仅此而已。"但卢先生的微信朋友圈、微博展示了些新发现："王服周，一作复周，名冕。"《张炳勋先生谈王冕》："王冕先生与敝家有戚谊，知其鳞爪，或君早知，不知有助否？王冕先生字复周，后更为服周。十三岁进学，许为神

---
* 本文写于二○二○年十月二十七日，收录于《温州文史研究馆馆刊》第一集，文汇出版社二○二一年四月版。

童，播为佳话，乐清光绪县志修成延期未刊，至民国元年由黄式苏、高谊、郑解、王冕重校付刊。王后亦攻新学，于一九〇九年毕业于温州府中学堂，继于上海入金融界，供职于某银行。曾介绍一同乡为金库管理，那料该人监守自盗，携款外逃，迄无归案，致王亦有连累。鼎革后定居上海，与孙愚谷先生有来往，常乞孙撰挽联。后其迄无回乐，详情不知，无人可探问矣！"这使我有了把王服周的生平再查个究竟的兴致。

翻《温州百年》历届学生名录，宣统元年（一九〇九）下学期毕业十八人名单中有王冕，同学中有后来成为书画家的马孟容、马公愚昆仲及诗人陈仲陶、金融界人士刘孔钧等。一九〇二

青年王服周（原刊《寰球中国学生会周刊》）

晚年王服周（王兴裕提供）

至一九二〇年教职员工名单有王冕、王复周，说明他曾留校任教。不过该书编者以为王冕、王复周是两人，重复出现，应合并为一人。

温州府中学堂毕业后，王冕考入清华学校，一九三三年和一九三七年《清华同学录》均录有王冕（服周，籍贯浙江乐清），但分别归入前肄业生同学录、肄业生同学一栏，可能当时联系不到王冕，档案中又查不到，只好归入肄业生类别。

一九二〇年代初，王服周活跃于寰球中国学生会。此会是中国最早的留学服务团体，由李登辉为首创办于一九〇五年，会所设在上海。检《寰球中国学生会周刊》，发现数条王服周线索。一九二一年七月二十一日第一一三期会员消息栏目有《王服周先生来沪履新》简讯："本会会员、前奉天中国银行行长王服周先生，现由上海浙江丝绸商业银行聘为经理，已于前日来申视事。"可知任浙江丝绸商业银行经理之前，王服周担任过奉天中国银行行长。一九二一年十月《寰球中国学生会年鉴》第二期、一九二一年十月三十日《寰球中国学生会周刊》第一二四期、一九二一年十一月三日第一二七期《寰球中国学生会周刊》则刊有王服周照片，分别为表彰赞助本会最有力者及介绍第三十届征求会。

王服周在上海时与温州同乡还保持着联系，可举两例。一是刘祝群一九二三年五六月间有上海、杭州之行。《疢疴日记》六月五日记，周守良、王服周、徐寄庼先后来访。二是张棡为他儿子张豐谋职，曾写信给黄溯初、徐寄庼、朱隐青等人求助，其中一封写给王服周,《张棡日记》一九二三年六月三十日有记。信中说:"别十余年,未通鱼雁,瓯树江云,时驰梦毂。比稔贤弟掌管银行,润身润屋,陶猗声名,已大非昔日书生面目矣,健羡之至。"张棡所提"别十余年",当指在温州府中学堂共事之日。王服周是张棡的学生,后成为同事。王服周结婚,张棡送过人情。《张棡日记》一九一〇年五月十日有云:"付王君复周婚娶人情大洋一元。"后来王服周四处奔波,他们一度无法互通音信。王服周上海的联系地址,张棡是从黄溯初那里问来的。老师托办的事,王服周很上心。《张棡日记》一九二三年七月二十八日记:"晚从莘塍邮局接到曩儿上海西门学生筹备所处平安信两封,一、六月初一发,一、六月十一发者,信中言:银行尚无位置,承王复周照应,先入南京高级商业簿计暑假专修科学习一月,以备入实业手续。因即于灯下写一长函复之,并寄一函与复周也。"一九三五年七月六日,张棡还为另一个儿子张崟的事写信给王服周,"托其照应"。

一九三〇年代,王服周还担任过江西裕民银行武宁分行行长(一九三四年《全国银行年鉴1934》,见大象出版社《民国史料丛刊》九五七册)。

一九四〇年代,短暂担任江苏地方银行泰县分行行长后(《上海银行业概况》,见中国时代经济出版社《中国近代沿海城市经济研究文献丛刊》第一一册),王服周来到重庆工作,转任中国农民银行会计处处长。该行办的《本行通讯》一九四一年第十六期、第二十一期及一九四二年第三十期,曾刊登王服周三

一九五三年，王服周（前排右一）与太太陈玉芬（前排中）等家人在上海复兴公园留影（原刊《冠廷诗词集》）

篇工作报告。当时，中央银行、中国银行、交通银行、中国农民银行四家曾成立联合办事处，拟制订银行业标准会计制度，从统一各银行会计科目名称及内容着手，王服周任设计委员会副主任委员。

通过翻阅书刊和检索有关数据库，虽然知道了王服周大致的履历，但他生于何年，去世于何时，一九四九年后他又在哪里工作，依然是个谜。这时我发现上海交通大学出版社出版的《冠廷诗词集》提到王服周，即在网上下单买了一本。此书原是纪念胡廷黼的，胡廷黼为沪上名医、震旦大学教授，可惜英年早逝。令人兴奋的是，原来胡廷黼是王服周的儿女亲家，而且胡廷黼夫人陈蓉芳和王服周夫人陈玉芬还是堂姐妹。该书编者胡安东是胡廷黼的孙子、王服周的外孙,他有文章回忆:"说到外婆和外公王服周的结合,也是有小插曲的。从祖父日记中可以看到,祖父和祖母常常在茶后饭余讨论外公和外婆的婚事。祖父当年认为外婆可以嫁得更好,他认为外公是续弦,即前妻去世了再找外婆结婚,所以祖父认为这婚姻对外婆有点不够十全十美。其实现在看来这件婚姻却是十分美满。外公十分疼爱外婆,此话一点也不假,我们小辈也是有目共睹的。再说外公王服周在学识上也相当了不起,毕业于清华学堂(清华大学的前身),母亲跟我说过外公是福建(按,应为浙江)乐清市末代秀才。所以我对外公绝对是肃然起敬、五体投地的!再说外公身材高大、一表人才,即使拿到如今社会也是一个大帅哥,人见人爱的万人迷,或者叫作白马王子吧!所以当年外婆嫁给外公是郎才女貌,不说是绝配,也谓天仙配。不信大家可以看看王家后代,从我们熟悉的大舅舅、三舅舅到五舅舅,哪个不是才气冲天、一表人才。即使是外公外婆的独生女,我们的母亲王筱玉,也是上海药品商检科大名鼎鼎的王科长,当年进入上海的每一种药品都要经过母亲所在的上海市医药公司商检科的检验和批准,人命关天,责任重大。关于外公还有一件事我记忆深刻。我在兴国路外公家玩时,读过外公的自传,内中说道:'我一身清白,我在政治上不介入任何一方,坚决不参加国民党。'现在看来当年以外公在农民银行的高级管理人位置,不加入国民党是件不容易的事,是有眼光的。"

我按照书中留下的联系方式给胡安东先生写了封信,请教他外公的生卒之年，并问王服周自传尚在否。但迟迟未接到回复，又只好电话求助于该书的另一编者——上海交通大学医学院档案馆刘军馆长，请她转告。几天后，我接到胡安东先生的电话，给了新的邮箱。他说不清楚外公更详细的生平，但他的小舅舅肯定知道。就这样，我与王服周的小儿子王兴裕先生联系上了。王兴裕先生告诉我，他父亲生于一八九一年五月五日，卒于一九六三年三月二十四日，享年七十三。父亲的祖母行医，得其资助才成就了父亲的学业。本要出国，但他祖母去世就放弃了留学念头。父亲是有名的孝子，一九六〇年前曾回乡探亲，乡间船夫皆知其孝名。后一直在金融业服务，解放后在上海立信会计学校任教。父亲的自传已遗失。他记得家里曾有张珍贵的照片，是父亲温州府中学堂第一名毕业的奖状。

张炳勋先生所提王服周受牵连事，发生在江西裕民银行任内。王兴裕先生说，父亲要偿还失窃的资金，因此背了一身债务。虽然任银行高管，但家中并不富裕。监守自盗之人一九六二年到上海找到父亲，负荆请罪，父亲原谅了他。

王兴裕先生说，父亲的结发妻因难产而亡，但孩子保下来了，即他的同父异母大哥。她母亲生育了十二个子女，活下来只四男一女。他是最小的儿子，生于一九三三年，当时父亲四十二岁，在江西裕民银行任职，故取裕字为名。大哥王伯颜、二哥王兴和、三哥王兴衡、四哥王兴震、姐姐王筱玉都受过很好的教育，曾在西南联大、中央政治学校等校就读，现已去世。他自己则毕业于海军工程学院（现中国人民解放军海军工程大学），转业地方后在上海交通大学任教，担任过上海市高教电化教育馆副馆长、上海高教录像出版社副社长兼总编辑等职，在上海市教育委员会退休。

关于王服周事迹至此已大致清楚，我请王兴裕先生写篇回忆文章，以补民国温州人物志。虽然王服周今日名不见经传，但当年能入温州府中学堂、清华学校者，当为人中龙凤、瓯之骄子。

后记

这本小书收录的文章是近十年写的,还是关于民国学人生平的考证和介绍,可视为《民国文化隐者录》续编。只有十多篇文章,看起来很单薄,而且新意也不多,好几位人物在《民国文化隐者录》里提过,有吃老本之嫌。写法上,还是固执老的一套,偏重于琐碎的钩沉,讲点小人物的故事。我承认,我有考据癖,读书中发现那些少有人关注的配角,总想探个究竟,并乐在其中。然而,这何尝不是芸芸众生的常态。历史长河流淌而过,能让人记住的名字微乎其微。极大多数人,活着的时候就已被淹没了。

几位好心的朋友提醒我要读点理论的书,这样写起来别开生面。我倒也看过几本理论的书,就是不入脑不走心。每次写的时候,总回到老路上。可能对理论还吃不透,也可能心底对理论有点抵触。现在很多所谓理论高深的文章,味同嚼蜡者比比皆是。我想,人文学科的写作,除了探索深度,还要追求温度。同时,追求温度要把握分寸,懂得克制。如果体味不到人的情感,只孤立地借用理论、概念或貌似客观的立场,路子也是难以走出来的。当然，我的说法并无多创见，很多同道早已在实践。我不过为自己的笨拙找点借口罢了。

向继东先生要编一套"小丛书"，篇幅要求十来万字，做成小开本，我知道他一定还有小而精、小而美的想法，承蒙不弃，接纳了我这本小书，感谢他的宽容。向谢放女士致敬，感谢她细致的编辑工作。

书名"一生怀抱几人同"，出自吴鹭山的诗，我在琦君的文章里读到。吴鹭山赠给夏承焘的诗，写在琦君的纪念册上。"腾腾尘土闭门中，但说龙湫口不空。怪底君心无物竞，只应吾道坐诗穷。片云过海皆残照，新月当楼况好风。莫负明朝试樱笋，一生怀抱几人同。"吴鹭山后来没有把这首诗收录在他自己的诗集。夏承焘日记所录略有不同："腾腾尘土闭门中，但说龙湫口不空。底怪君心无物竞，只应吾道坐诗穷。片云过海皆残照，孤月当楼况好风。莫负明朝试樱笋，平生怀抱几人同。"时一九四〇年六月六日，夏吴同客沪上。"夕过天五谈，新和予一诗甚佳。"

方韶毅
二〇二二年三月二十四日

香雪文丛书目

刘世芬《毛姆VS康德：两杯烈酒》　　　　　　定价：62.00元
夏　宇《玫瑰余香录》　　　　　　　　　　　定价：68.00元
汪兆骞《诗说燕京》　　　　　　　　　　　　定价：68.00元
方韶毅《一生怀抱几人同——民国学人生平考索》　定价：66.00元
王　晖《箸代笔》　　　　　　　　　　　　　定价：68.00元

// 集木工作室

投稿邮箱：jimugongzuoshi@163.com

微信公众号：集木做书